Mexican Poetry Today

Mexican Poetry Today
20/20 Voices

Bilingual edition
edited by

Brandel France de Bravo

Shearsman Books
Exeter

First published in in the United Kingdom in 2010 by
Shearsman Books Ltd
58 Velwell Road
Exeter EX4 4LD

www.shearsman.com

ISBN 978-1-84861-057-6
First Edition

Copyright in the poems and translations printed in this volume rests
with the authors and translators and are copyright © 2010,
except where otherwise cited in the acknowledgements
on pages 234–236, which constitute an extension
of this copyright page.

Introduction © Brandel France de Bravo, 2010.
All rights reserved.

Contents

Index of Translators	7
Introduction	8
Luis Miguel Aguilar	14
María Baranda	26
Efraín Bartolomé	36
Marco Antonio Campos	48
Héctor Carreto	56
Jennifer Clement	72
Elsa Cross	86
Antonio Deltoro	96
Gloria Gervitz	108
Francisco Hernández	118
Elva Macías	132
Víctor Manuel Mendiola	140
Samuel Noyola	152
José Luis Rivas	160
Silvia Tomasa Rivera	172
Pedro Serrano	180
Natalia Toledo	188
Manuel Ulacia	200
Jorge Valdés Díaz-Vélez	214
Verónica Volkow	224
Acknowledgements	234
The Translators	237

Index of Translators

Translator	Author	Page N°
Consuelo de Aerenlund	Jennifer Clement	72–85
Elisabeth Austin	Marco Antonio Campos	48–55
Jennifer Clement	Víctor Manuel Mendiola	148–151
Jennifer Clement	Samuel Noyola	152–159
Anna Crowe	Pedro Serrano	180–187
Joshua Edwards	María Baranda	26–35
Ruth Fainlight	Víctor Manuel Mendiola	140–147
Reginald Gibbons	Antonio Deltoro	104–107
Reginald Gibbons	José Luis Rivas	160–171
Luis Ingelmo	Elsa Cross	86–95
Luis Ingelmo	Antonio Deltoro	98–103
Luis Ingelmo	Francisco Hernández	118–131
Luis Ingelmo	Verónica Volkow	224–233
Katie Kingston	Natalia Toledo	188–199
Erin Knight	Elva Macías	132–139
Sarah Lawson	Manuel Ulacia	200–213
Pura López Colomé	Antonio Deltoro	96–97
Dierdra Reber	Marco Antonio Campos	48–55
Mark Schafer	Gloria Gervitz	108–117
John Oliver Simon	Antonio Deltoro	106–107
Michael Smith	Elsa Cross	86–95
Michael Smith	Antonio Deltoro	98–103
Michael Smith	Francisco Hernández	118–131
Michael Smith	Verónica Volkow	224–233
Kathleen Snodgrass	Luis Miguel Aguilar	14–25
Kathleen Snodgrass	Héctor Carreto	56–71
Kathleen Snodgrass	Silva Tomasa Rivera	172–179
Suzanne Stephen	Jorge Valdés Díaz-Vélez	214–223
Asa Zatz	Efraín Bartolomé	36–47

Mexican Poetry Today
20/20 Voices

Introduction

Open this book and you will spend time with twenty original voices: twenty poets with a clear vision of what poetry should be and do. Their perceptions—what they think, feel, and question—and the way they craft them ensure that many of these poets will be talked about not just today, but tomorrow and long into the future.

Mexican Poetry Today: 20/20 Voices offers readers a snapshot of contemporary poetry in Mexico, but a single photo could never capture the country's renowned and vibrant poetry scene. Given the abundance of talent, many respected and frequently anthologized poets remain outside the frame. A "definitive" anthology, which this most definitely is not, could easily run to more than a thousand pages.

20/20 Voices is intended to be compact enough that you might carry it with you, but "roomy" enough for the writers to demonstrate their range—each poet has, on average, five pages in English. No poet likes to be reduced to one or two short poems, and few poems can withstand the burden of summing up a career in a couple of pages.

Mexican Poetry Today is not a box of chocolates. It doesn't pretend to provide English language readers with a sampling from each school or style of poetry found in Mexico today, or to represent even the "new wave" or next generation of Mexican poets. Like most of the bilingual anthologies since *New Poetry of Mexico,* the ground-breaking volume edited by U.S. poet, Mark Strand, and published in 1970, *Mexican Poetry Today: 20/20 Voices* features poets born after World War II. This means, of course, that it does not include such luminaries as Eduardo Lizalde, Rubén Bonifas Nuño, José Emilio Pacheco, or Jaime Sabines. While Sabines died in 1999, the rest are still writing and winning major prizes.

The poets in this anthology are members of what some have dubbed the post-Paz generation; they began publishing when Octavio Paz was alive and his fame threatened to eclipse younger Mexican poets. All of the poets included in *Mexican Poetry Today* are alive and publishing, with the exception of Manuel Ulacia, who drowned at 47 (I almost wrote "tragically," but what drowning isn't?).

So who are the 20 poets in *Mexican Poetry Today,* and how were they chosen? The 20 voices presented here are mature. All of them over 40, these poets are, by and large, well established. Each has published several books of poetry. But in order to introduce readers to some poets relatively unknown outside of Mexico, a number of important contemporary poets fortunate enough to have several collections in English have been excluded.

The poets in *Mexican Poetry Today: 20/20 Voices* write in a variety of tones and styles, from introspective to concrete and quotidian. While a number of the poems are "meta"—poems about poems and the process of writing—even these appear to be preoccupied with something other than exploring consciousness. Most of the poems are firmly rooted in objects, people, place and time—from Manual Ulacia's moving lyric about a father's death and the speaker's forging of identity to Luis Miguel Aguilar's persona poems (reminiscent of U.S. poet, Edgar Lee Masters' *Spoon River Anthology)*.[1] These are poems that refuse to waft away in puffs of abstraction; they enter the weightless atmosphere of symbolism sparingly and therefore to greater effect.

Except for two U.S. anthologies of Mexican poetry devoted exclusively to women,[2] women tend to be under-represented. *Mexican Poetry Today*, like *Reversible Monuments: Contemporary Mexican Poetry* before it, achieves a better balance: eight of the 20 voices belong to women. That said, the issue of gender is rarely addressed by the women writers in *Mexican Poetry Today*, who for the most part prefer to be thought of as poets rather than as "women poets." Silvia Tomasa Rivera's powerful poem is one of the few exceptions:

> *My grandfather came to visit*
> *and brought my brother a rifle*
> *to kill rabbits; he didn't give me anything;*
> *I may be older but I'm female.*
>
> *Ever since he got the rifle my brother doesn't talk to me;*
> *he's 10 and I'm 12.*

Mexican Poetry Today does what any good anthology should do: it opens a door to the strangely beautiful and resonant, bringing the news that

---

[1] Luis Miguel Aguilar's persona poems are from *Chetumal Bay Anthology*—the title alone a homage to Edgar Lee Masters.
[2] *Mouth to Mouth: 12 Women Poets* (1993, Milkweed Editions, edited by Forrest Gander) and *Sin Puertas Visibles: An Anthology of Contemporary Poetry by Mexican Women* (2003, Pittsburgh University Press, Edited by Jen Hofer)

people die every day for lack of. It also invites readers who know little of Mexico or its literary traditions to discover that richness. The poets in this collection come from all over Mexico and, as editor, I feel compelled to sing their diversity: they are cosmopolitan and provincial; they write in free verse and in traditional forms; they are straight and gay, of the academy and of the street; they are the grandchildren of fishermen, bankers and Russian revolutionaries. In this Mexico, *pan dulce* (Mexican pastry) shares a plate with swallow's nest soup, and the rosary is said while observing Rosh Hashanah.

The poets write in Spanish, of course, but they also write in Zapotec and English. Natalia Toledo from Oaxaca says in her poem 'Flower that Sprouts': "I write in Zapotec to ignore the syntax of pain." Jennifer Clement has lived her whole life in Mexico but writes in English. According to U.S poet, W.S. Merwin who wrote the introduction to her book, *El Próximo Extraño / The Next Stranger,* her "first language, the language of her poems, and I suppose her dreams, is English . . . Her fluent knowledge of Spanish can never altogether clarify the relationship between the two languages in her mind and imagination."

If you read *Mexican Poetry Today* straight through, from cover to cover, as if it were a novel, you may find that it tells a story. A story of snakes, stones, tongues, mirrors, moons, knives, feet, bones, and sea. Always the sea—hardly surprising given that Mexico has over 9,000 kilometers of coastline. And a world of characters populates this story, cohabiting the slender volume: from Sor Juana Inés de la Cruz and Buñuel to Schumann, Marx, Lewis Carroll, Freud, Dylan Thomas, and Basquiat.

Clearly, the influences and imagination of the 20 poets featured in *Mexican Poetry Today* are in no way circumscribed by geography, the 21st or even the 20th century. As has been said elsewhere, Mexico is a country where intellectuals matter and where poets appear on the evening TV news, commenting on current events. This may explain why poets born in the smallest, most remote villages of Mexico sometimes have a more sophisticated sensibility than some of the biggest names in U.S and British poetry.

Many of the poets in this anthology are also important translators of poetry, which partly explains their relative worldliness. José Luis Rivas, born in the "backwaters" of Tuxpan, Veracruz, has translated, among others, Rimbaud, St. John Perse, and the collected works of T.S. Eliot; the title of his book, *Tierra nativa* (Native Land) playfully echoes *The*

Waste Land. Marco Antonio Campos, in addition to being a prolific translator, is a member of the Mallarmé Academy in Paris, occupying the seat once held by Octavio Paz.

But as much as these poets look outward, headlong into the glaring headlights of the world, they also look inward, sharing with us their most puzzling and penetrating concerns. In describing the poet's dilemma, Gloria Gervitz also captures our own: ". . . I can't escape myself/yet only in myself do I know and feel others/an invention that begins every morning as I tediously learn how to wake up/and become myself . . ."

Gervitz's 'Shaharit,' which is really a section from her 30–years-in-the-making poem 'Migraciones,' suggests a collapsing of time and memories. Its central theme is awakening, and it is suffused with an intense, almost suffocating sexuality. In fact, there are many erotic poems in *Mexican Poetry Today,* including Efraín Bartolomé's 'Heaven and Earth,' Pedro Serrano's 'Lustral,' Manuel Ulacia's 'In the Ritz in Meknes,' and Jennifer Clement's pirate poems ('Awakening,' 'The Pirate,' 'The Ship,' and 'Bathwater'), which explore the thin membrane separating pleasure and danger. Similarly, Víctor Manuel Mendiola's 'Your Hand, My Mouth' breathes new life into the sex/death dichotomy with his wonderful riff on plates, glasses and cutlery, which a reviewer in *The Sunday Times* has called a "crazily entertaining fantasy." He uses the imperative and an accretion of numbered koan-like assertions in prose to construct a poem that brims with passion, paranoia, and sexual hunger. The poem closes with, "Your plate is a delicious grave. Bury me." If the speaker in Gervitz's poem seeks to invent herself, the speaker in Mendiola's poem longs for the extinction of self.

Death is a frequent visitor in the anthology, but this being a selection of Mexican poetry, death's presence is neither depressing nor cause for putting the book down. Quite the contrary. As Octavio Paz famously wrote in *The Labyrinth of Solitude*:

> Our relations with death are intimate, more intimate perhaps than those of any other people. The word death is not pronounced in New York, in Paris, in London, because it burns the lips. The Mexican in contrast, is familiar with death; jokes about it, caresses

it, sleeps with it, celebrates it; it is one of his favorite toys and his most steadfast love.

In *Mexican Poetry Today,* loved ones are depicted in the act of dying, the dead window-shop and go to cafes, and suicide is spoken about as casually as a friend who might drop by on Monday or maybe Thursday. In Héctor Carreto's 'Some Nights My Father Visits Me,' the speaker implies, to use popular jargon, a co-dependency between the dead and the living. If the dead father were to reconcile with his son and cease visiting him in his dreams, the speaker would "... be left waiting/night after night,/at the crossroads or at the foot of a pedestal."

Nostalgia is another way of looking at death and dying, and *Mexican Poetry Today*—in spite of its title—is rife with poems that bring to life the yesterday of the imagination, such as Efraín Bartolomé's 'Siempre!' and Jorge Valdés Díaz-Vélez's 'Bolero of the Garden of Delights.' José Luis Rivas' 'A Season in Paradise'—with its lines that move across the page like waves—conjures a childhood on a tropical coast in all its sensuality and tedium.

Rivas' poem 'A Season in Paradise' is one of only a handful of poems in the anthology where the lines begin at varying distances from the left-hand margin. Most of the poems are visually restrained though the majority are in free verse. If formal verse is under-represented, it is partly due to the challenge of translating it and doing the rhyme and/or meter justice.

Luis Miguel Aguilar's 'The Narrow Bed' is the only villanelle in *Mexican Poetry Today,* and it is adroitly translated by Kathleen Snodgrass who says of her decision to honor the form in English, "I loved Luis Miguel's poem but what would be the point of translating it as free verse?"

The translations come from a variety of sources. Some were made expressly for this book, some have appeared in print previously, and still others are what the poet could provide, having been prepared for a bilingual reading. The translators include well-known English-language poets such as Ruth Fainlight and Reginald Gibbons as well as other Mexican writers. Some of the translations are by lesser-known translators and some have been a cross-cultural team effort. Not all of the translations were from Spanish to English: Jennifer Clement's poems were translated from English to Spanish, and Natalia Toledo's were translated into Spanish from Zapotec and then rendered into English.

Regardless of translator, the quality of the original verse always shines through. In 'Epitaph,' Marco Antonio Campos writes of "poetry that falls in the pitcher," and we, the readers, are urged to "raise and drink," indulge in its "freshness." Campos crushes the grapes of his own life and travels, and we drain our glasses, thirsty for more.

Efraín Bartolomé, in his poem 'Invocation,' speaks of verse's power to shuck "the dark clam of my heart." As editor, I would like to add my own humble invocation or blessing before sending you on your way: May the vision of these 20 voices forever change you and change the way you see the world.

Brandel France de Bravo,
Washington, D.C., 2010

Luis Miguel Aguilar

Luis Miguel Aguilar nació en Chetumal, Quintana Roo, en 1956. Ha publicado los libros de poesía: *Medio de construcción* (1979), *Chetumal Bay Anthology* (1983), y *Todo lo que sé* (1990), que reúne varios años de su trabajo poético. En 1980 publicó la antología *Cuentos y relatos norteamericanos del siglo XX* y en 1988, *La democracia de los muertos. Ensayo sobre poesía mexicana, 1800–1921*. En ese mismo año publicó también, en colaboración, *Historia gráfica de México en el siglo XIX*. *Suerte con las mujeres* (1992) es su primer libro de relatos. *Nadie puede escribir un libro* (1997) contiene textos de literatura y vida cotidiana. Publicó también la antología *Poesía popular mexicana* (1999). Su más reciente libro es *Pláticas de familia: poemas y prosas* (2007).

La cama angosta

Es todo lo que sé. (Que es casi nada.)
Ella tenía una estrella entre los senos.
O así lo veía él, porque la amaba.

No se exigieron boletos de entrada
Pues cada uno andaba en su terreno.
Es todo lo que sé. (Que es casi nada.)

En una cama angosta ambos quemaban
Su historia y el temor; o cuando menos
Ella pidió esto de él, porque lo amaba.

Los dos sabían muy bien la inocentada
Que es insistir en un *amor del bueno*;
Es todo lo que sé. (Que es casi nada.)

Marzo moría otra vez: y ya se daban
Café con leche y sorbos de veneno.
O así lo sentía él, porque la amaba.

Luis Miguel Aguilar

Luis Miguel Aguilar was born in Chetumal, Quintana Roo, in 1956. His poetry collections are: *Medio de construcción* (1979), *Chetumal Bay Anthology* (1983) and *Todo lo que sé* (1990), which brings together work from all of his career to that date. In 1980 he edited the anthology, *Cuentos y relatos norteamericanos del siglo XX,* and in 1988 he published the essay, *La democracia de los muertos. Ensayo sobre poesía mexicana, 1800–1921.* That same year he co-edited *Historia gráfica de México en el siglo XIX.* In 1992 he published his first book of stories, *Suerte con las mujeres. Nadie puede escribir un libro* (1997) contains both literary works and chronicles of daily life. He edited the anthology *Poesía popular mexicana* in 1999, and his most recent publication is *Pláticas de familia: poemas y prosas* (2007).

(Translations by Kathleen Snodgrass)

The Narrow Bed

That's everything I know. (Nothing much at all.)
She had a star between her breasts.
Or, because he loved her, that's what he'd recall.

No entry fees: consent was mutual,
Both of them at home in their own nests.
That's everything I know. (Nothing much at all.)

In a narrow bed, though reciprocal,
They burned their histories and fears; or, at best,
Because she loved him, that's what she'd recall.

Surely they knew that *love immutable*
Was just a stale, old-fashioned jest.
That's everything I know. (Nothing much at all.)

March died once more and in its dying fall
They sipped espresso laced with venom zests.
Or, because he loved her, that's what he'd recall.

Supongamos que un día ella se enfada
Y se borra la estrella de los senos.
¿Qué más saben los dos? ¿Es casi nada?
Supieron, a saber, lo que se amaban.

Ricardo, testigo

Sólo tengo una cosa que contar:
No se refiere a mi muerte
Sino a la de un animal.
Yo vi la caza de una hembra manatí.
La arponean en el mar; luego la jalan
A la orilla; y la tumban en la playa, porque en tierra
Solamente una tortuga bocarriba
Regala más torpeza. Ya en la arena
La siguen arponeando: este martirio
Puede durar tres horas —o hasta más; lo que demore
Cada arpón en traspasar la grasa, ardiente,
Y llegar hasta los órganos vitales.
Mientras la están matando
La hembra manatí pone las manos
—Quiero decir: las dos aletas, muy pequeñas—
Sobre las chiches; se tapa así las mamas
Y comienza a llorar como mujer. *Como mujer.*
Son una especie en extinción. Pena de cárcel.
Prohibidísimo cazar un manatí.
Quién sabe el macho.
La hembra llora como mujer. Y yo la oí.

Pechy, trastornada

No sé si tenga caso recordar
Que el día en que me alivié de José Antonio
—O ya desde ese tiempo en que se hizo
Notorio mi embarazo—Chetumal

Let's suppose that one day, filled with gall,
She blotted out the star between her breasts.
What more do those two know? Nothing much at all?
Just, as we all know, that love's beyond recall.

Ricardo, Witness

I only have one thing to relate:
It doesn't concern my death
But the death of an animal.
I saw the hunting of a female manatee.
They harpoon her in the sea; then they drag her
To shore and haul her onto the beach, because on land
Only a tortoise, belly up,
Gets more clumsy. On the sand
They go on harpooning her: this torment
Can go on for three hours—or even longer; however long it takes
Each harpoon to pierce through the fat, burning,
And reach the vital organs.
All the while they're killing her
The female manatee puts her hands
—I mean: her two tiny flippers—
Over her tits; she covers her breasts
And starts to cry like a woman. *Like a woman.*
A species near extinction. Under pain of imprisonment.
It's absolutely prohibited to hunt a manatee.
I don't know about the male.
The female cries like a woman. And I heard her.

Pechy, Riled-Up

I don't know if it's worth remembering
That the day I gave birth to José Antonio
—Or, really, from the time they knew about my pregnancy—
Chetumal covered me with slander and slime: *that stray bullet*

Me cubrió de chisme y lodo; *esa bala perdida*
—Se dijeron—: *nadie sabe, por lo menos,*
De qué pistola salió. Si en ese entonces luché por ignorarlos
Ahora lo puedo hacer con toda calma.
Todos recuerdan a Enrique Zalameda, el otorrino
Que estuvo en Chetumal un año y medio
En prácticas de servicio social.
El me tumbó una vez entre los sacos
De la bodega en la trastienda de Majachian;
Luego otra vez en el camino a Kohunlich,
Y en la salida a Corozal, y en otras partes
También, y muchas veces. Antes de irse
Para siempre de este pueblo, me prometió
Que volvería para casarse; no lo cumplió.
Es obvio, nadie cumple.
Yo preferí callarme que un fuereño
Me había desvirginado, dejándome
Idiota y provinciana, aunque
Por todo Chetumal corriera el chisme
De que Pechy se había vuelto ya tan puta
Y descarada y lerda y atrevida
Que ni siquiera era capaz de precisar
Al padre de su hijo. Chetumal: repara en mí, que soy hija
De Janet y del espanto; quién pudiera
Cazar a tus mujeres como quien caza
Chachalacas quebrándolas al vuelo
Y en lo que dura el vuelo de sus lenguas.

José María, maderero

La luna menguante arriba y el río Hondo abajo de mi lancha.
La luna es imparcial pero el río Hondo tiene dos instancias:
El lado mexicano, el lado inglés. Desde un lugar sumido entre la selva
Tiraba la madera sobre el río y la iba viendo en el trayecto;
Yo, un pastor imposible de troncos caoberos siguiéndolos en la neutralidad
Vadeante del río Hondo. Durante varias noches, la madera
Llegó incompleta al final del acarreo; al principio pensé que era una pérdida
Debida a los caprichos del transporte.

—They said—*nobody even knows*
What pistol it was shot out of. If back then I tried hard to ignore them
I can do it now with absolute calm.
Everybody remembers Enrique Zalameda, the ears-nose-throat guy
Who was in Chetumal a year and a half
In social service practice.
Once, he tumbled me among the sacks
In the back of Majachian's storeroom;
Another time, on the road to Kohunlich,
And on the way to Corozal, and other places, too, lots of times.
Before he left town for good, he promised
He'd come back to marry me; he didn't keep his promise.
Nobody does, that's for sure.
I preferred to keep quiet about some stranger
Deflowering and abandoning me,
Idiot country bumpkin, though
All over Chetumal the gossip went
That Pechy was already so sluttish
And brazen and dim-witted and insolent
She couldn't point out for sure
The father of her son. Chetumal: you pay attention to me;
I'm the daughter of Hurricane Janet and of terror,
Who could hunt down your women like someone hunting chachalacas,
Killing them on the wing
And in the time it takes their tongues to fly.

José María, Logger

The waning moon above and the Hondo River under my boat.
The moon's impartial but the Hondo has two authorities:
The Mexican side and the English side. From a submerged spot in the jungle
I hauled the wood across the river and watched it on its way;
Me, the unlikely shepherd of mahogany trunks, herding them
In the forded neutrality of the Hondo. For several nights
The shipment of wood to pickup point arrived incomplete; at first I thought
    the caprices of transport caused the loss.

Fueron diez: eran negros, fuertes, ratas, beliceños; y me lo hicieron
Varias noches: jalaban la madera menos próxima a mi lancha
Y la pasaban hacia el lado inglés.
Una tarde le pedí a Gálvez que soltara él los troncos
Mientras yo me adelantaba en el trayecto.
Fueron diez. Los esperé en la noche oculto en la otra orilla, y ni siquiera
Pudieron llegar ellos a la suya—excepto tres que operaban sobre ella
Y largaron para el monte. Fueron diez y maté a siete.
Los cacé como lagartos y se quebraban igual que ellos,
Respingando y revolviéndose en el agua,
Con la espina partida por el medio.
Por un momento fueron troncos ellos mismos; vi eso y el reflejo de la
      luna sobre el río,
Y el flujo lento del río Hondo entre las nubes de la pólvora.

Así empezó el negocio maderero.
Todo esto fue mucho antes del ciclón.
Fue el tiempo en que la caoba murió por la caoba.

Memo, motociclista

Hasta aquí vine a dar por mi inconciencia.
¿Qué otra cosa puede hacerse en Chetumal?
Yo no sé los demás. Todas las tardes
Me subía en la moto Honda más hermosa
Y veloz que llegó a verse en este pueblo. No ignoraba
El modo lamentable en que murieron
Jonás, Asar, Ignacio, El Pato, Tebo
—Mis mejores amigos, desde siempre—
A causa de las motos. En cada una de esas muertes
Sentí miedo; todas eran como avisos continuados
De algo superior. Dios o el destino.
Pero nadie que haya sentido alguna vez
El modo en que la moto va exigiendo

There were ten of them: Blacks, thugs, scum, Belizeans; and for several
    nights
They went on doing this to me: they dragged the wood away from my
    boat
And sent it over to the English side.
One afternoon I asked Gálvez if he'd unload the trunks
While I went on ahead on the route.
There were ten of them. Hiding in the night, I waited for them on the
    other side;
they never did get back to their side—except for three who were
working above and escaped over the mountain.
There were ten of them and I killed seven.
I hunted them like alligators and they broke up the same way,
Bucking and spinning in the water,
Spine cracked in two.
For a moment they themselves were trunks; that's what I saw, along with
    the reflection of the moon in the river,
And in between puffs of gunpowder, the Hondo's slow current.

That's how the logging business began.
All this was long before the hurricane.
That was the time that mahogany died for mahogany.

Memo, Motorcyclist

I ended up here because of my recklessness.
What else can you do in Chetumal?
I don't know about anybody else. Every afternoon
I mounted my Honda, faster,
More beautiful than any you'd see in this town.
Not that I didn't know about the terrible way they died,
Jonás, Asar, Ignacio, El Pato, Tebo
—My best friends since forever—
Because of motorcycles. Every one of those deaths
Scared me: they were like nonstop warnings
From something up high. God or fate.
But anybody who's ever felt
The way the motorcycle goes on demanding

Una cuota mayor de rapidez
Para el solo alimento de la máquina,
Ignorará por qué todos nosotros
Decidíamos, al fin, correr el riesgo.
Me estrellé contra un camión materialista
En el entronque de Héroes y de Hidalgo.
Ya estaba sobre aviso; sin embargo
El día en que me llegó de California
El catálogo de máquinas en venta
Exhibiendo en la portada esa hermosura
Que es la Harley-Davidson/1200,
Mandé el pedido diciéndome a mí mismo
Que mi mano entrando en el buzón
Era un equivalente irreversible
De estar firmando mi sentencia de muerte.
¿Qué más se puede hacer en Chetumal?

Conclusiones

Se pierden las Mont-Blanc; quedan los Bic.
Y uno se da de topes
Contra las mesas, los escritorios, las repisas
Y contra el hoyo negro del presente
Donde perdimos para siempre
Eso imperdible, ese monte, esas nieves
De antaño.
      Rueda el pasado
Irrecobrable
Sobre el piso del otoño.
         Se pierden
Las Mont-Blanc; se pierden
Los grandes recuerdos; sólo un bolígrafo Bic
—Y éste incluso con muescas, sin tapa, mordido,
Ya con el plástico lívido,
Con cataratas, mellado— queda, cuchillo de palo,
En la casa del herrero.
Y en la ocasión solemne en que la muerte
Llega a la casa de uno para firmar
Su sentencia no menos solemne, no encuentra nada

More and more speed,
The only thing the machine feeds on,
Can understand why all of us
Decided, in the end, to run the risk.
I slammed into a cargo truck
At the intersection of Héroes and Hidalgo.
I'd been warned already; but, still,
The day that sales catalog from California arrived
With that beauty of a Harley-Davidson 1200 on the cover,
I sent away for it, telling myself
That putting my hand in the mailbox
Was the irreversible equivalent
Of signing my death warrant.
What else can you do in Chetumal?

Conclusions

The Mont-Blancs are getting lost; the Bics remain.
And we slap our heads wondering where—
Tables, desks, shelves,
And the black hole of the present—
We've lost for keeps
What can't be lost, that mountain, those snows
Of yesteryear.
    Irretrievable,
The past tumbles about
On the autumnal floor.
      The Mont-Blancs
Are getting lost; momentous memories
Are getting lost; only a ballpoint Bic
—And it's nicked, tooth marked, topless,
The plastic clouded over,
Gouged, with cataracts—gets left, a wooden knife
In the house of the blacksmith
And on the solemn occasion when death
Comes to one's house to sign
Its equally solemn sentence, it will find nothing

Con qué apuntar
A la altura de un gran monte, puesto que a esa hora
Vemos que perdimos las Mont-Blanc; inútil ir en busca
De aquello que con ellas escribimos:
El brillo que era ya convicción
De un asidero, un nombre
Promisorio, un infalible
Número telefónico, gloriosos
Mediodías, el paradero
Del médico imbatible, la ruta de evasión
Hacia la noche; sólo queda
Alguna inútil dirección
Borroneada en papelito, con un Bic,
Como la única muy pobre
Pero intacta
Certeza del recuerdo.
Digo que llega incluso la muerte
Y hace como que viene en busca de Mont-Blancs
Como si no
Se hubiera llevado ya esas plumas
Esos montes, esas nieves
Previamente.

Quedan los Bic; perdimos las Mont-Blanc
Siempre a destiempo, siempre antes del invierno
En algún mundo
Donde siempre
Se pierde algo del mundo, y sólo hay Bics
Y otoño.
     Se pierden las Mont-Blanc.
          Quedan
Las cenicientas, los silencios, los trapos, las manías,
Las huellas anilladas de los vasos
En las viejas mesas de noche: lo que siempre
Quisimos perder, y resultó
La única sombra canina y fiel.
¿Quién tiene las
     Mont-Blanc?
Miren: un
     Bic.

To address the heights of a great mountain
Because at that hour
We see we've lost the Mont-Blancs; no sense to go on looking
For what we used to write with:
The sheen that meant a sure
Grip, a promising name,
An infallible
Telephone number, glorious
Afternoons, the whereabouts
Of the invincible doctor, the escape route
Into night; all that's left
Is some useless address
Scribbled on a scrap of paper with a Bic,
Like that one paltry yet intact
Sure memory.
As I was saying, death itself comes
As if in search of the Mont-Blancs
As if it hadn't, ages ago,
Already carried off those pens,
Those mountains, those snows.

The Bics get left; we've lost the Mont-Blancs.
It's always the wrong season, always pre-winter
In some world
Where a part of the world
Is always getting lost, and there are only Bics
And autumn.
   The Mont-Blancs are getting lost.
          What's left
Is the grub work, the silences, the tatters, the manias,
The ringed imprint of glasses
On old night stands: everything we always
Wanted to lose turned out to be
The one faithful shadow dogging us.
Who's got the
  Mont-Blancs?
 Look: a
   Bic.

María Baranda

María Baranda nació en la ciudad de México en 1962. Estudió psicología en la Universidad Nacional Autónoma de México. Fue becaria del Instituto Nacional de Bellas Artes (1988–89) y de jóvenes creadores del Fondo Nacional para la Cultura y las Artes (1990–91). Ha publicado los siguientes libros: *El jardín de los encantamientos* (1990), *Fábula de los perdidos* (1990), *Ficción de cielo* (1995), *Los memoriosos* (1995), *Moradas imposibles* (1998), *Nadie, los ojos* (1999), *Atlántica y el rústico* (2002), *Dylan y las ballenas* (2003), *Ávida mundo* (2005) y *Ficticia* (2006). Recibió los siguientes reconocimientos: Premio Nacional de Poesía Efraín Huerta (1995), Premio Internacional de Poesía Villa de Madrid (1998) y el Premio Nacional de Poesía Aguascalientes (2002).

Ficticia
(Cartas a Robinsón)

I
Oímos a la garza al final de julio.
Vino a cantar en un solo graznido
el tiempo del mar y el sueño mudo e incierto
de las niñas, la voz seca del viento y la distancia.
Oscuros secretos del bien. Visiones falsas
debajo de este suelo. Alfabetos que presagian
las letras más claras del abismo.
Ha llegado el acecho del sudor
como la sombra de un verbo.
Donde decirnos cosas domésticas,
vidrios rotos, espejos para los rostros
de quienes nunca fuimos,
nos deja siempre atrás.
Ahora vemos mil caras sumergidas
entre las cifras cotidianas
de la soledad y aquella incertidumbre,
cuentas para el cristal de los aparecidos.
Pequeños rasgos que nunca hicieron
de nosotros la huella exacta del felino.

María Baranda

María Baranda was born in Mexico City in 1962. She studied psychology at the National Autonomous University of Mexico. She has received grants from the National Institute of Fine Arts (1988–89) and from the Young Artists program of the National Fund for Culture and the Arts. She has published the following books: *El jardín de los encantamientos* (1990), *Fábula de los perdidos* (1990), *Ficción de cielo* (1995), *Los memoriosos* (1995), *Moradas imposibles* (1998), *Nadie, los ojos* (1999), *Atlántica y el rústico* (2002), *Dylan y las ballenas* (2003), *Ávida mundo* (2005) and *Ficticia* (2006). In English translation: *Ficticia* (Shearsman Books, 2010). She has received the following honours: the National Efraín Huerta Poetry Prize (1995), the International Poetry Prize of the City of Madrid (1998), and the Aguascalientes National Poetry Prize (2002).

Translations by Joshua Edwards

Ficticia
(Letters to Robinson)

I
We heard the heron at the end of July.
It had come to sing with a solitary quack
of oceanic time and an uncertain and speechless
dream of girls, the dry voice of wind and distance.
Dark secrets of decency. False visions
beneath this soil. Alphabets that herald
the cleaner letters of abyss.
The lookout of sweat has arrived
like a verb's shadow.
Where we speak of domestic things,
shattered glass, mirrors for the faces
of who we never were,
always leaves us behind.
We now see a thousand faces immersed
in mundane files
of loneliness and doubt,
records for the crystal ball of apparitions.
Subtle features that never changed us
into a precise feline print.

Tiempo arrastrado
por la sal de un mundo
que jamás ha sido nuestro.
Ahora que reposamos nuestro delirio
bajo un cielo de cal podemos profanar
los secretos de los hombres de una historia
que jamás termina: pequeños adoradores
del destino. Mujeres a la mitad de una ausencia,
lugares determinados por un poco de lluvia,
licores para el insomnio de los que no morían.

Ahora que se apaga la luz como un vestigio
de la primera infancia, una sola fisura
de nuestras vidas, podemos traficar con la invitación
de un pájaro perdido, con ese pensamiento alado
que alguna vez creímos se había encendido.

Ya nada está en la punta del viento: ni el verbo teñido
de una adolescencia atemperada, tampoco aquella niñez
que la bestia guardó en sus tarros de alcohol y profecía.
Ni esa juventud de príncipes del Edén,
reyes de un paraíso en el agujero que no tiene salida.

Ahora podemos lamer nuestros trofeos, la división exacta
de un bosque de máscaras que hicieron de nosotros
guerreros de una historia sin fin y sin principio.

II
Fallaste Robinsón. Tu cabeza se convirtió
en un vano espejismo de los desencantos.
No guardaré más tu casa, esa pequeña guarida
donde la lluvia podía destejer el tufo
de los proverbios y las reliquias.
No vigilaré tu cueva de sal y pan
donde la paz de un escorpión
es el reino para tu lenta furia.
Obstinado te quedarás como un tiburón al acecho
de su pequeña presa. Te miraré incierto

Time dragged along
by the salt of a world
that never belonged to us.
Now that we rest our delirium
beneath a lime sky we can desecrate
the secrets held by men of a never-ending
history: destiny's
small disciples. Women in the midst of absence,
places distinguished by their lack of rain,
liquors for the insomnia of those who didn't die.

Now that the light has been put out like a trace
of initial infancy, lone crack
in our lives, we can travel with a lost bird's
invitation, with the winged idea
we once believed it ignited.

Now nothing is in the face of the wind: not the tinted verb
of familiar adolescence, nor that childhood
guarded by the beast in its jars of alcohol and prophecy.
Nor that adolescence of the princes of Eden,
kings of a paradise within an inescapable hole.

Now we can lick our trophies, the exact division
of a mask-filled forest that made us into warriors
for a history without end and without beginning.

II
Robinson you failed. Your mind was changed
into a vain mirage of disenchantments.
I'll no longer look after your home, that small den
where rain could undo the stink
of proverbs and relics.
I'll no longer watch over your cave of salt and bread
where the scorpion's peace
is your measured anger's kingdom.
You will remain as stubborn as a shark waiting
for small prey. I'll watch you with doubt,

sin saber si te vas a un mundo ya hundido
en la cálida noche de las manos vacías.
O si avanzas por las paredes del tiempo
como un sueño donde crees exhalar
la salvajería de las cosas secretas.
Aquí podré escuchar tu llanto,
tu llama viva de mujer, tu orgullo
de pájaro que cae a pique entre las aguas podridas.
Ven, Robinsón, acércate al jardín de las otras delicias.
Extraño es ahora tu planeta ese pequeño territorio
donde tu nombre cobró la fuerza de los elegidos.
Deslúmbrate con el grito de la gaviota.
Ya no perecerás, ya no habrá más raíces de luna y sol
para preservar la sed de quien ama a solas.

III
Vergeles de un tiempo detenido en la ventana.
Amargas clarividencias. Inviernos desgastados
en la sal de un puerto de lumbre y vidrio.
No me equivoco.
Sé que son tristes las ensoñaciones de la arena,
las huellas que poco a poco dejamos
como un paisaje tatuado en la piel de los insomnes.
Rotas están las sillas del tiempo que sostuvieron
la figura de un labrador sembrando bajo la lluvia.
Era Virgilio de nuevo y su corte de empeño,
antiguas cabrillas como fondo de selva,
jabalíes y leonas en la yunta y un olmo inmenso
a medio podar que se quedó así por el poder
de un latín extinto en tus cuadernos.
Vencidas están las mecedoras
donde acunamos a un niño muerto
con el arrullo de madres víboras,
madres serpientes, madres sin madres
huérfanas del delirio, y en ese tibio camastro
pudimos esconder los tributos del polvo y la ceniza.
Robinsón doméstico, ordenador de vidas
y soliloquios, triturador de promesas

not knowing if you're on your way to a world
already submerged in the hot night of empty hands.
Or if you advance toward the walls of time
like a dream in which you believe you're exhaling
the savage nature of secret things.
Here I will be able to listen to your crying,
your bright and womanly flame, your pride
of a bird plunging into rotten water.
Come, Robinson, approach the garden of other delights.
Now your planet, that small territory where
your name collected the weight of the chosen, is strange.
Be dazzled by the seagull's cry.
You will no longer perish, there will be no more roots of moon and sun
to preserve the thirst of those who love alone.

III
In the window, gardens of an arrested time.
Bitter forecasts. Winters eroded
in the salt from a door of light and glass.
I am not mistaken.
I know sand's dreamscapes are sad,
the tracks we leave little by little
like a landscape tattooed on the skin of insomniacs.
Broken are the chairs of time that once supported
the figure of a farmer sowing in rain.
Once again it was Virgil and his severed pledge,
whitecaps as old as the forest floor,
boars and lionesses yoked together and an immense
half-pruned elm that stayed like this with the power
of the dead Latin in your notebooks.
Conquered are the rocking chairs
where we rock a dead child back and forth
to the coo of mother vipers,
mother snakes, mothers without mothers,
orphans of delirium, and in that tepid bunk
we could hide tributes of dust and ash.
Domestic Robinson, computer of lives
and soliloquies, grinder of promises

en páginas y páginas de aquella tu literatura.
He visto tus cavilaciones, príncipe de la noche.
He podido escuchar el extravío de tus huesos,
partículas de cal para alimentar al cuervo,
ligamentos de sopor y de vigilia que resisten
el golpe atroz del loco y su graznido: *never more*.
Puedo ver tu sangre oscurecida, tu boca azul
de tiempo y aquel sordo corazón donde la sombra
era el filamento de mil años de galerías y cercos.
He podido mirar tu país de espuma y el follaje
que recubre tus sueños más amados
como si aún vivieras en aquel lugar de privilegio.

IV
Ven, ven a escuchar conmigo la risa de los desconsuelos.
Miremos juntos el mapa celeste de los niños.
Hay que urdir las frases de tu isla, las piedras sin memoria
grabadas para el atalaje de los desvanecidos.
No permitas que el mar se agote en su sordo secreto.
No, Robinsón. La historia es otra.
Es un hueco en la boca de nadie.
La nada que todos sabemos es parte de nuestro desvarío.
Siempre habrá un atardecer en la punta de la lengua,
un agravio del sol donde pelícanos y gaviotas
se disputan la sed de quien no reconoce la victoria
de la hormiga con el suelo.
Dulces licitaciones de la aurora.
El mundo, todo el mundo en una esfera negra
una mancha atroz para perder la sombra,
aquella vieja loba que resguarda nuestra herida.
No me equivoco cuando digo que la palabra gracia
provoca la risa de los hombres solos.
Los he oído y tú entre ellos
has tachado la sal más fina del asombro
con un canto simple, un zureo absurdo
o una desmelenada idea de ser un aventurero.
¿Pero de qué? ¿De cuál de las orillas de esta vida?
Nadie te lo ha permitido y tú

in pages upon pages of your literature.
I have watched you meditate, prince of night.
I have been able to listen to your bones' misplacement,
particles of lime to feed the raven,
ligaments of torpor and vigilance resisting
the lunatic's brutal wallop and squawk: *never more*.
I can see your darkened blood, your mouth blue
from time and that deaf heart where shadow
was the filament of a thousand years of galleries and enclosures.
I have been able to watch your country of foam and the foliage
that covers your most beloved dreams
as if you still lived in that privileged place.

IV
Come along, come with me to hear the laughter of sorrows.
Let us look at the children's celestial map.
One must engineer phrases for your island, amnesiac stones
installed with the harness of the faded ones.
Don't allow the sea to diminish in its own unspoken secret.
No, Robinson. History is something else.
It is a hole in the mouth of nobody.
The nothingness we all know is part of our nonsense.
Evening will always be poised on the tip of the tongue,
a sunlit insult where pelicans and seagulls
dispute the thirst of whoever refuses to admit
the ant's victory over the soil.
Dawn's sweet proposals.
The world, the entire world is a black sphere,
an awful stain for losing shadows,
that old she-wolf guarding our wound.
I am not mistaken when I say that the word grace
incites laughter in lonesome men.
I have heard them and among them
you have crossed out amazement's finest salt
with a simple song, an absurd cooing
or a muddled plan to be an adventurer.
But for what? From which of this life's shores?
Nobody has granted you permission and you

has tomado aquellos soles negros
como si fueran parte de tu vida,
la sinrazón de un pensamiento
que jamás se agota.

V
Escucha, escucha las detonaciones del tiempo.
No confundas la señal de un aviador
con los estallidos que se fraguan en la lengua.
Grandes provocaciones. Tiempo de escamas.
Inmundicias de la piel y sus rastrojos.
¿Y en la playa?
Gente que recala siempre en otro abismo.
Ascienden. Desdoblan. Limitan.
Permite que el soplo de un espíritu ya desvanecido
regrese a ti como un caracol de arena.
No habrá ranas ni próceres como el fiero Ulises.

Pas-pas-pas
se oyen caer lágrimas del cielo.
El laberinto de un espanto que se perdió
entre los alfabetos de tu lengua.
Pas: aquel disentimiento con los animales verdes
cruzando la frontera.
Pas: los días por venir y los que ya se fueron,
las aguas terminales de un chiquillo
que se asombró en la aurora.
Pas: el ruido de las faldas que caen ante los bebederos
del fugitivo y sus amigos.
Pas: las mínimas partículas que restallan
en un cielo de metal y de esmeralda.
Pas: aquel castillo de la verdad y el pensamiento
edificado con la saliva de lentas yeguas.
Pas: los catafalcos y colmenares donde silban los locos
y las viudas estancadas en la guerra.

Sal, Robinsón, sal de tu guarida.
Navega otros mares donde puedas surcar la paz
de una adivinación a secas.

have taken those black suns
as if they were part of your life,
the foolishness of a thought
that will never be extinguished.

V
Listen, listen to time's detonations.
Don't confuse the aviator's signs
with explosions formed on the tongue.
Powerful provocations. Time of scales.
Filth from skin and its stubble.
And at the beach?
People constantly coming to port from another abyss.
They emerge. They split up. They do what they may.
Allow a dispelled spirit's murmurs
to return to you as shells to sand.
There will be neither frogs nor luminaries like fierce Ulysses.

Tap-tap-tap
goes the sound of the sky's falling tears.
Panic's labyrinth lost
between your tongue's alphabets.
Tap: that discord with green animals
crossing the border.
Tap: days to come and those gone by,
terminal waters of a youngster
astonished in the sun's first light.
Tap: sounds of dresses falling at the feet of drinking fountains
of the fugitive and his friends.
Tap: tiny particles that crack
in a metal and emerald sky.
Tap: that castle of truth and thought
built from the saliva of sluggish mares.
Tap: the catafalques and apiaries where crazies cry
alongside widows stalemated by war.

Leave now, Robinson, leave your cave.
Sail different oceans where you may ply
the serenity of a clear forecast.

Efraín Bartolomé

Efraín Bartolomé nació en Ocosingo, Chiapas, en 1950. Pertenece al Sistema Nacional de Creadores de Arte. Ha publicado los libros: *Ojo de jaguar, Ciudad bajo el relampago, Música solar, Cuadernos contra el ángel, Música lunar, Partes un verso a la mitad y sangra,* y *Fogata con tres piedras,* entre otros. Su obra poética ha sido reunida en los volúmenes *Agua lustral Poesía 1982–1987* (1994), *Oficio: arder Obra poética 1982–1997* (1999) y *El ser que somos (*2006). Recibió los premios: Ciudad de México, Nacional de Poesía Aguascalientes, Carlos Pellicer para obra publicada, Internacional de Poesía Jaime Sabines. El Gobierno de la República le otorgó el Premio Nacional al Mérito Forestal y de Vida Silvestre. En 1998 recibió el Premio Chiapas de Arte. En el 2001 recibió el International Latino Arts Award en los Estados Unidos.

Invocación

Lengua de mis abuelos   habla por mí

No me dejes mentir

No me permitas nunca ofrecer gato por liebre
sobre los movimientos de mi sangre
sobre las variaciones de mi corazón

En ti confío
En tu sabiduría pulida por el tiempo
como el oro en pepita bajo el agua paciente del claro río

Permíteme dudar para creer:
permíteme encender unas palabras para caminar de noche

No me dejes hablar de lo que no he mirado
de lo que no he tocado con los ojos del alma
de lo que no he vivido
de lo que no he palpado
de lo que no he mordido

Efraín Bartolomé

Efraín Bartolomé was born in Ocosingo, Chiapas, in 1950. He belongs to Mexico's National System of Artists. His books include: *Ojo de jaguar, Ciudad bajo el relampago, Música solar, Cuadernos contra el ángel, Música lunar, Partes un verso a la mitad y sangra,* and *Fogata con tres piedras.* His collected poems have been published in three volumes: *Agua lustral Poesía 1982–1987 (1994), Oficio: arder Obra poética 1982–1997 (1999)* and *El ser que somos* (2006). His prizes include: the Mexico City Prize, the Aguascalientes National Poetry Prize, the Carlos Pellicer Prize, and the Jaime Sabines International Poetry Prize. The Mexican Government also awarded him the National Prize for Contributions to Forestry and Wildlife. In 1998 he was given the Chiapas Arts Prize, and in 2001, he received the International Latino Arts Award in the United States.

(Translations by Asa Zatz)

Invocation

Tongue of my forebears   speak for me

Keep me from lying

Keep me from ever beguiling
about the coursing of my blood
about the vagaries of my heart

In you I put my trust
In your wisdom burnished by time
like the nuggets of gold beneath the patient waters of limpid rivers

Let me question before I believe:
let me light up words by which to walk in the night

Keep me from talking of what I have not seen
of what I have not glimpsed with the eyes of my soul
of what I have not lived
of what I have not touched
of what I have not bitten into

No permitas que salga por mi boca o mis dedos una música falsa
una música que no haya venido por el aire hasta tocar mi oreja
una música que antes no haya tañido
el arpa ciega de mi corazón

No me dejes zumbar en el vacío
como los abejorros ante el vidrio nocturno

No me dejes callar cuando sienta el peligro
o cuando encuentre oro

Nunca un verso   permíteme insistir
que no haya despepitado
la almeja oscura de mi corazón

Habla por mí   lengua de mis abuelos
Madre y mujer

No me dejes faltarte
No me dejes mentir
No me dejes caer
No me dejes
No.

Siempre!

De niño   cuando a mi pueblo
todo llegaba por avión
                    o a lomo de caballo
entre la lluvia la noche el lodazal la selva
mi padre reposaba leyendo una por una
las páginas hermosas de la revista *Siempre!*

Yo aún no había tomado ni caballo ni avión para conocer México

México era el país y su espejo era *Siempre!*

Don't allow me to make music foreign to my voice or my fingers
music not traveled in the air before reaching my ear
music not played on the blind harp of my heart

Don't let me buzz in the void
like the bees at the window pane of night

Don't let me be silent when I sense danger
or when I strike gold

Never a verse   let me insist
that has not shucked
the dark clam of my heart

Speak for me   tongue of my forebears
Mother and wife

Don't let me fail you
Don't let me lie
Don't let me fall
Don't leave me
Don't.

Siempre!

In my boyhood   when everything that came to town
was brought by plane
                       or on horseback
through rain night mud forest
my father would lie reading one by one
the beautiful pages of the magazine *Siempre!*

I had not yet gone to Mexico City by plane or by horse

Mexico was the country and *Siempre!* was its mirror

Lo importante de México pasaba por esas páginas en sepia
que leíamos con mala luz eléctrica

Ahí aprendí a leer el rostro múltiple de la patria
bajo la mano sabia   por apenas visible
de mi joven padre en sus treinta

Este es el doctor Atl me dijo un día cuando el pintor murió
y su noble barba ennobleció la portada de *Siempre!*

Y yo veía los rostros de Leduc   Gómez Arias   Domingo
y Suárez   Alvarado   Gutiérrez y González
Zabludovsky   Pagés   García Naranjo…
y deletreaba el nombre de la patria
como si fuera el rojo corazón del planeta

Todo esto me brota en la memoria ahora
justo ahora   en que mi foto sale en la revista
y se habla bien de mí como del hombre limpio que mi padre soñó
y se honra en mí al poeta que   con seguridad   mi padre no soñó
Se habla de su hijo:
uno que pudo hacer que sus palabras fueran puras…

Y yo algún día soñé   y si no lo soñé hubiera querido
que mi padre encontrara esos artículos donde se habla de su hijo
hojeando una por una las páginas de *Siempre!*
que treinta años después sigue llegando al pueblo
por vías menos ásperas   mucho menos hermosas
que el lomo de un caballo
o las alas de un avión sobre el follaje espeso

Pero mi padre nunca podrá ver esas páginas:
la luz ha abandonado sus ojos para siempre

Aunque ahora tengamos en el pueblo tan buena luz eléctrica.

Everything of importance in Mexico happened in those sepia pages
which we read under the poor electric light

There I learned to recognize the many-faceted visage of my country
under the hand   wise in its lightness
of my young father in his thirties

This is Dr. Atl, he said to me one day soon after the painter died
and his noble beard was ennobling the cover of *Siempre!*

And I would see the faces of Leduc   Gómez Arias   Domingo
and Suárez   Alvarado   Gutiérrez y González
Zabludovsky   Pagés   García Naranjo …
and spell out the motherland's name
as if it were the red heart of the planet

All this bubbles up in my memory now
right now   when my picture is appearing in the magazine
and good things are being said about me
as the man of honor my father surely dreamed of
and the poet   whom surely my father never dreamed of   is being
          honored
His son being spoken of as
"*one who could make his words ring true …*"

And I one day did dream   and if I didn't dream it I would have wanted
my father to come upon those articles that talk of his son
as he turned the pages of *Siempre!* one by one
which keep coming to town thirty years later
by less rugged means   much less beautiful
than a horse's back
or the wings of a plane over dense foliage

But my father will never see those pages:
the light has taken leave of his eyes forever

Even though we have such good electric light in town now.

El oro más pulido

Cada vez que le descubro a mi mujer un gran poeta
y la convenzo con mi entusiasmo y mi memoria y mi alegría
y ella lo lee y lo nombra y lo disfruta
arde mi corazón con unos celos miserables

¿Por qué se me adelanta ese canalla?
¿Por qué escribió los versos que yo pude escribir
si acaso el tiempo   el mundo   el improbable azar...?

¿Por qué?

Y me pongo a sufrir largos minutos sintiendo como ortiga por dentro
mientras ella recuerda o cita o pronuncia en voz alta
los versos   las imágenes   el oro musical que yo le convidé

Y me arrepiento de haber puesto en sus ojos
de haber puesto en su alma
un rival que (¡afortunadamente! dice el lado egoísta de mi corazón)
ya está muerto o ya es muy viejo o vive en un país tan lejano
o no habla nuestra lengua

Pero pasan los días
y no puedo dejar de poner en su alma
una nueva ración del oro más pulido del espíritu humano
Porque a pesar del vidrio molido de mi resentimiento
¿cómo podría ofrecer a mi amada
un manjar menos rico
una mesa más pobre
unos enclenques versos tartamudos o sosos?

Y me pongo a sufrir otros largos minutos...

Luego todo se aclara
y me siento más santo por el resto del día.

The Shiniest Gold

Each time I put my wife onto a great poet
and I influence her with my enthusiasm my memory and my pleasure
and she reads him and speaks of him and enjoys him
my heart burns with a mean jealousy

Why is that swine pushing in ahead of me?
Why did he write those verses that I could write
if perhaps the time   the world   unlikely chance . . . ?

Why?

And I put myself through long moments of suffering
feeling as though with nettles inside
while she mentions or quotes or recites
the verses   the images   the musical gold I treated her to

And I regret having set before her eyes
set within her soul
a rival who (fortunately! says the selfish part of my heart)
is now dead or now very old or alive in some very faraway land
or doesn't speak our language

But the days go by
and I cannot refrain from putting into her soul
a new portion of the shiniest gold of the human spirit
Because despite the ground glass of my resentment
how could I offer my beloved
a less delicious morsel
a more beggarly table
verses that are scrawny   vapid   or stammerers?

And I put myself through other long moments of suffering

Then everything clears up
and I feel more virtuous
for the rest of the day.

Cielo y Tierra

Y las aguas de Arriba amaron a las de Abajo
y eran las aguas de Abajo femeninas
y las de Arriba masculinas . . .

¿Has oído, amada?

Tú eres la Tierra y yo soy el Cielo
Tú eres el lecho de los ríos y el asiento del mar
y el continente de las aguas dulces
y el origen de las plantas y de los tiernos o duros o feroces animales
de pluma o pelo o sin pluma ni pelo

Yo soy la lluvia que te fertiliza

En ti se cuecen las flores y los frutos
y en mi el poder de fecundar

¿Has oído, amada?

Nuestro lecho es el Universo que nos contiene

¿Has oído bien?

Tú eres la Tierra y yo soy el Cielo
Y mi amor se derrama sobre ti como la lluvia
o como una cascada que cae del sol
rompiendo entre nubes como entre peñascos
y entre los colores del arco iris y entre las alas de los ángeles
como entre las ramas espesas de una vegetación inverosímil

Tú eres la Tierra y yo soy el Cielo

¿No lo escuchas?

Y aunque digas que sí
tal parece que no porque ahora, Tierra,
cabalgas sobre mí (en el lecho que es el Universo)

Heaven and Earth

And the waters of Above loved those of Below
and those from Below were female
and those from Above were male . . .

Haven't you heard, my love?

You are the Earth and I am Heaven
You are the river bed and the sea bottom
and the continent of fresh waters
and the source of the plants and the soft or hard or fierce animals
with feathers or hair and with no feathers or hair

I am the rain that makes you fertile

Cooking in you the fruits and the flowers
and in me the power to fecundate

Have you heard, my love?

Our bed is the Universe that contains us

Did you not get that?

You are the Earth and I Heaven
And my love pours over you like the rain
or like a cascade that falls from the sun
breaking through between clouds and crags
between the colors of the rainbow and between the wings of the angels
as between the dense branches of improbable foliage

You are Earth and I Heaven

Aren't you listening?

And even though you say you are
now it seems as if you aren't because Earth,
you are mounting me (in the bed that is the Universe)

y eres tú el Cielo y tu amor se derrama sobre el mío
como una lluvia fina

Y yo era la Tierra hasta hace unos instantes pero ya no lo sé
porque hemos girado y descansamos sobre nuestro costado
y los dos somos Tierra durante unos minutos deleitosos

Y ahora estoy de pie con los pies en la tierra y los ojos en el cielo
y tú no eres ni Tierra ni Cielo porque te hago girar
con los muslos unidos ferozmente a mi cintura
y eres el ecuador o yo soy el planeta Saturno
y tú eres los anillos que aprendimos en la escuela
y giras

Y ahora somos Cielo los dos y volamos
elevándonos más allá del Universo

Y en lo más alto del vuelo algo estalla en nosotros y caemos
vencidos por la fuerza de nuestro propio ecuador que se ha quebrado

Pero seguimos siendo Cielo aunque yazgamos en tierra

Derrumbados en tierra pero Cielo

Tierra revuelta y dulce pero Cielo

Cielo vencido cielo revolcado pero Tierra

Pero Cielo.

and you are Heaven and your love spills over mine
like a light rain

And I was Earth until a few moments ago but now I don't know
because we have turned and lie on our sides
and both of us are Earth during a few minutes of delight

And now I am standing with my feet on earth and my eyes on heaven
and you are neither Earth nor Heaven because I make you whirl
with your thighs locked fiercely at my waist
and you are the equator or I am the planet Saturn
and you are the rings we learned about in school
and you whirl

And now we are both Heaven and we fly
rising beyond the Universe

And at the zenith of flight something explodes in us and we fall
bested by the force of our own equator that has broken apart

But we go on being Heaven even though we may be lying on earth

Collapsed on earth yet Heaven

Earth tumbled and sweet yet Heaven

Heaven conquered, sky unsettled, yet Earth

Yet Heaven.

Marco Antonio Campos

Marco Antonio Campos nació en la Ciudad de México en 1949. Poeta, narrador y ensayista ha publicado los libros de poesía *Muertos y disfraces* (1974), *Una seña en la sepultura* (1978), *Monólogos* (1985) y *La ceniza en la frente* (1989), *Poesía reunida* (1997) y *Viernes en Jerusalén* (2005). También publicó las novelas *Que la carne es hierba, Hemos perdido el reino* y *En recuerdo de Nezahualcóyotl*. Asimismo es autor de los libros de cuentos *La desaparición de Fabricio Montesco* y *No pasará el invierno,* y los libros de entrevistas *De viva voz* y *Literatura en voz alta*. Entre sus libros de ensayos se encuentran *Señales en el camino, Siga las señales, El San Luis de Manuel José Othón y el Jerez de Ramón López Velarde, Los resplandores del relámpago* y *Las ciudades de los desdichados*. Ha traducido a diversos autores entre los que se encuentran Baudelaire, Rimbaud, Gide, Artaud, Ungaretti, Cardarelli, Saba y Carlos Drummond de Andrade. Ha sido galardonado con los premios Diana Moreno Toscano (1972), Xavier Villaurrutia (1992) y la Medalla Presidencial Pablo Neruda (2004).

El país
    a Gastón García Cantú

Ya pueden decir lo que quieran, me dirán lo que quieran
pero yo siempre he amado a México.
Cuando estuve lejos bajaba repentinamente un delgado mas
intenso manantial de imágenes y una triste voz era triste
cuerda en la cítara del corazón enamorado.
Podía o pudo ser acaso una noche de lluvia innumerable en un parque
        neoyorquino,
o en la aspirable terraza de un café parisiense,
o bajo el crepúsculo en lo alto de una plaza de Gotemburgo.
Podrán escarnecerme el mañana del triste que fui ayer
por gloriarme en público de ser "un italiano desplazado"
o "un hombre del Duecento florentino en pleno siglo XX".
Pero yo siempre he amado a México.
Lo he reconocido—lo he amado—en mi casa destruida,
en mi familia destruida,
en el trato con amigos y también con enemigos,
en mujeres que amé y me enterraron bajo la fosa más
honda y más oscura,
en paisajes que al hacerlos míos con una distancia íntima

Marco Antonio Campos

Marco Antonio Campos was born in Mexico City in 1949. Poet, fiction writer, and essayist, Campos has published the following books of poetry: *Muertos y disfraces* (1974), *Una seña en la sepultura* (1978), *Monólogos* (1985), *La ceniza en la frente* (1989), *Poesía reunida* (1997) and *Viernes en Jerusalén* (2005). He is also the author of three novels and two short story collections, as well as two books of interviews. His books of essays include *Señales en el camino, Siga las señales, El San Luis de Manuel José Othón y el Jerez de Ramón López Velarde, Los resplandores del relámpago* and *Las ciudades de los desdichados*. He has translated various writers, including Baudelaire, Rimbaud, Gide, Artaud, Ungaretti, Cardarelli, Saba and Carlos Drummond de Andrade. His awards include the Diana Moreno Toscano Prize (1972), the Xavier Villaurrutia Prize (1992) and the Pablo Neruda Presidential Medallion (2004).

(Translations by Elisabeth Austin and Dierdra Reber)

The Homeland
to Gastón García Cantú

You can say what you like, you will tell me what you like
but I have always loved Mexico.
While I was away a thin but intense spring of images
would fall and a sad voice was a sad
string in the zither of the enamored heart.
It could have been or maybe even was a night of innumerable rain
      in a New York park,
or in the breathable terrace of Parisian café,
or under the twilight on high in a plaza of Gothenburg.
You will be able to ridicule the tomorrow of the sad man I was yesterday
for vaunting in public as "a displaced Italian"
or a "man of the Florentine Duecento in the midst of the 20th century."
But I have always loved Mexico.
I have recognized it—I have loved it—in my house, destroyed,
in my family, destroyed,
in my dealings with friends and also with foes,
in women whom I have loved and who buried me below the deepest
and the darkest tomb,
in landscapes which, as I made them mine with an intimate distance,

me emocionan por su belleza que me creo o me invento,
en ciudades que delineó la memoria como líneas simétricas en una piedra,
en iglesias que se caían de proporción y luz,
en actos dignos de hombres que *no morirán del todo*.
Y aunque sé que a este país lo ha gobernado el diablo,
que los mexicanos no hemos estado a la altura del gran país,
ustedes dirán lo que quieran, pensarán lo que quieran,
pero yo siempre he amado a México,
                                          siempre.

Los poetas modernos

¿Y qué quedó de las experimentaciones,
del "gran estreno de la modernidad",
del "enfrentamiento con la página en blanco",
de la rítmica pirueta y
del contrángulo de la palabra,
de ultraístas y pájaros concretos,
de surrealizantes con sueños de
náufrago en vez de tierra firme,
cuántos versos te revelaron un mundo,
cuántos versos quedaron en tu corazón,
dime, cuántos versos quedaron en tu corazón?

Arles 1996–Mixcoac 1966

> El estado más puro de nuestra vida es el adiós.
> —Péter Dobai, 'Campanas apagadas'

Ahora el mistral en su furia agarra todo, lleva todo,
arrebata todo: follajes, olas, olores, el color de las
faldas de las mujeres, las miradas desde
las ventanas, el amarillo quemado de las casas.
Miro desde el muelle el puente de un extremo a otro,
de un barrio a otro, a una ciudad que se desvae,
a una soledad que crece, que no ha dejado de crecer.

moved me with their beauty that I create or invent for myself,
in cities that memory delineated like the symmetrical lines of a stone,
in churches falling under the weight of proportion and light,
in the dignified acts of men who *will never completely die*.
And although I know that this country has been governed by the devil,
that we Mexicans have not equaled the stature of our great country,
you can all say what you like, you can all think what you like,
but I have always loved Mexico,
                                      always.

The Modern Poets

And what remained of the experimentations,
of "the grand debut of modernity,"
of the "confrontation with the blank page,"
of the rhythmic pirouette and of the
counter-angle of the word,
of ultraists and concrete birds,
of surrealizers with dreams of
shipwreck instead of solid ground,
how many verses showed you a world,
how many verses remained in your heart,
tell me, how many verses remained in your heart?

Arles 1996–Mixcoac 1966

> The purest state of our life is the goodbye
> —Péter Dobai, 'Silenced Bells'

Now the north wind in its fury grabs everything, carries everything,
seizes everything: foliage, waves, smells, the color of
women's skirts, gazes from
windows, the burned yellow of houses.
From the dock I watch the bridge from one extreme to the other,
from one neighborhood to another, to a city that dims,
to a solitude that grows, that has not stopped growing.

Teníamos diecisiete años y el patio de la escuela
era inclinado y grande y no necesitábamos decir
ayer porque *mañana* ilusionaba todo.
¿Qué ayer puede tenerse a los diecisiete años?,
pienso, mientras el Ródano se aleja bajo el puente
y las golondrinas se ponen de amarillo
para medir el trigo y llamean de azul
para anidar el cielo.
¿Y qué pájaro sabe decir *adiós* como las golondrinas?
¿Qué pájaro mide treinta años en un adiós sin fechas?
Entre ella y las golondrinas quedaba
el verano a la distancia.
El mistral se contrapone a las ventanas,
las miradas huyen, y yo lo oigo, y hay algo
en él, algo, algo en el viento poderoso
—la fuerza, la fiereza, el combate—
que yo hubiera querido comparar a mi vida
—mientras el viento golpea los plátanos, la fachada
del cine y golpea de nuevo la fachada de
la capilla. Golpea.
¿Hubiera sido? Hubiera sido, sin duda.
Pero hoy sólo oigo el mistral sobre el follaje,
la rabia del mistral tremendo en pandemónium,
y el puente se ahuyenta, la ciudad se borra,
antes, claro, de esos diecisiete años, cuando
yo decía en el patio: "Eres la reina", y ella
me decía: "No sé . . . tal vez . . ."

Los padres
> *a Hilda y Gonzalo Rojas*

Los padres partieron. Tomaron las maletas
y sonriendo dijeron en voz alta: Adiós.
Cerraron la puerta. Todavía en la calle
alzaron la mano despidiéndose.
Volverían en caso de que los necesitáramos;
sería cuestión de acordar la fecha y hora.

We were seventeen and the school patio
was inclined and large and we didn't have to say
yesterday because *tomorrow* promised everything.
What yesterday can you have at seventeen?,
I think, while the Rhône river flows away underneath the bridge
and the swallows turn yellow
to measure the wheat and they burn blue
to nestle in the sky.
And what bird knows how to say *goodbye* like the swallow?
What bird measures thirty years in one goodbye without dates?
Between her and the swallows lay
summer at a distance.
The wind pits itself against the windows,
the gazes flee, and I hear it, and there is something
in it, something, in the powerful wind
—the force, the fierceness, the combat—
that I would have liked to compare to my life
—while the wind strikes the plane trees, the façade
of the movie house and again strikes the walls
of the chapel. It strikes.
Could it have been? It could have been, without a doubt.
But today I only hear the north wind above the foliage,
its rage tremendous in pandemonium,
and the bridge takes flight, the city effaces itself,
before, of course, those seventeen years, when
I said on the patio: "You are the queen," and she
said to me: "I don't know . . . maybe . . ."

The Parents
To Hilda and Gonzalo Rojas

The parents left. They took the suitcases
and smiling said out loud: Goodbye.
They closed the door. In the street
their hands were still raised in farewell.
They would return in the event that we should need them;
it would be a question of fixing a date and time.

Pero seamos ciertos sin catástrofe
ni menos piedra enfática: nunca pudimos
dialogar con ellos, aunque tal vez
no había mucho que decirse, y esto,
en verdad, acaeció hace muchos años.
Eso digo si fue. Por eso no vale la pena
llevar ala ni cántico, por eso la luz
de pronto nos detiene, trístidos, sin fuego,
por eso el mundo en su esencia
es injusto, inestable, cruel,
aunque luchemos porque no lo sea,
aunque sepamos de antemano y siempre y de nuevo
que golpes ni puntapiés ni gritos
te sirven para nada, que la sangre
de la herida quedó por todas partes.

Pero los padres no volvieron. Qué vana historia,
ay, qué vana fue la busca. Tal vez murieron
en la ruta, en reyerta común o en casa cómoda.
Tal vez aún regresen. Tal vez, si hay dichosos,
los sigan esperando.

Lápida

Pasad y decid que a la tierra
fui fiel, y viví la experiencia
de la tierra. Que a la tierra ahora
vuelvo, pero que aun bajo tierra
entre polvo, cenizas y humo,
        oiré a la luna,
a la luz, el sol en alto grito,
ramaje de muchachas quebrándose
como árboles, flores como frutos,
la poesía que cae en el cántaro,
y alzo y bebo, y frescura.
Y vi tanto,
        oh Dios, vi tanto.

But let's be certain without catastrophe,
much less emphatic stone: we never could
dialogue with them, although maybe
there wasn't much to say, and this,
in truth, happened a long time ago.
That is, if it happened at all. For this reason it's not worth
bearing wing nor prayer, for this reason the light
suddenly arrests us, saddened, without fire,
for this reason the world in its essence
is unjust, unstable, cruel,
although we fight to make it not so,
although we know beforehand and always and again
that neither blows nor kicks nor screams
do any good, that the blood
from the wound remained everywhere.

But the parents didn't come back. What a fruitless story,
ah, in vain was the search. Maybe they died
en route, in a common brawl, or in a comfortable house.
Maybe they could yet return. Maybe, if there are any who are fortunate,
they await them still.

Epitaph

Go forth and say that to the land
I was faithful, and I lived the experience
of the land. That to the land I now
return, but that even under the earth
among dust, ashes, and smoke,
              I will hear the moon,
the light, the sun at its highest cry,
branches of young girls breaking
like trees, flowers likes fruits,
poetry that falls in the pitcher,
and I raise and drink, and freshness.
And I saw so much,
              oh God, I saw so much.

Héctor Carreto

Héctor Carreto nació en la Ciudad de México en 1953. Estudió la carrera de Lengua y Literaturas Hispánicas en la Universidad Nacional Autónoma de México. Actualmente es miembro del Sistema Nacional de Creadores de Arte. Ha publicado los siguientes volúmenes de poesía: *¿Volver a Ítaca?* (1979), *Naturaleza muerta* (1980), *La espada de San Jorge* (1982, incluido en la colección La Centena 2005), *Habitante de los parques públicos* (1992), *Incubus* (1993), *Antología desordenada* (1996), *Coliseo* (2002) y *El poeta regañado por la musa, antología personal* (2006). También es autor de diversas antologías de autores mexicanos y extranjeros. La más reciente es *La región menos transparente, antología poética de la ciudad de México* (2003). Además, ha traducido y divulgado la obra de escritores en lengua portuguesa. Ha obtenido los siguientes premios de poesía: Efraín Huerta (1979); Raúl Garduño (1981); Carlos Pellicer para obra publicada (1983); Décimo Premio de Poesía Luis Cernuda (1991) y Premio Nacional de Poesía Aguascalientes (2002).

La cierva

> *Soñé que el ciervo ileso pedía perdón*
> *al cazador frustrado.*
> —Nemen Ibn el Barud

De pronto tú
    recostada en un claro del bosque
manjar sereno
    ¿Intacto?

Tensé el arco
    y disparé
        sobre ti
rápidas palabras
red para cazar lo inasible.
Pero ninguna letra
    fue salpicada por tu sangre:
entre un adjetivo y otro
        saltaste
más veloz que la luz de la flecha.

Héctor Carreto

Héctor Carreto was born in Mexico City in 1953. He studied Spanish Language and Literature at the National Autonomous University of Mexico. He is currently a fellow of Mexico's National System of Artists, and is author of the following poetry collections: ¿*Volver a Ítaca?* (1979), *Naturaleza muerta* (1980), *La espada de San Jorge* (1982), *Habitante de los parques públicos* (1992), *Incubus* (1993), *Antología desordenada* (1996), *Coliseo* (2002) and a selected poems, *El poeta regañado por la musa* (2006). He has also edited various anthologies of Mexican and foreign writers, most recently, *La región menos transparente, antología poética de la ciudad de México*. He has also translated and popularised the work of Portuguese-language writers. He has won the following poetry prizes: the Efraín Huerta Prize (1979); the Raúl Garduño Prize (1981); the Carlos Pellicer prize for published work (1983); the Tenth Luis Cernuda Prize for poetry (1991) and the Aguascalientes National Poetry Prize (2002).

(Translations by Kathleen Snodgrass)

The Deer

> *I dreamt that the unharmed deer asked pardon of the frustrated hunter.*
> —Nemen Ibn El Barud

Suddenly you
      lying down in a clearing in the woods
serene delicacy
      Untouched?

I tensed the bow
      and shot
           over you
rapid words
a net to catch what can't be caught.
But not one letter
      was splattered by your blood:
between one adjective and the next
           you bounded off
faster than the arrow's light.

Una vez más
        mi palabra no alcanzó a la Poesía.

Ilesa,
sobre la rama de un árbol
pero con lágrimas en los ojos,
me suplicas:
"inténtalo de nuevo,
        inténtalo de nuevo."

El poeta regañado por la musa

"Ante sus cabellos, el viento
fue incapaz de enredarse.
Intactos, sus labios permanecen.
Sólo la luz —camafeo— fijó el recuerdo",
fueron los versos que escribí pensando en Ella.

Después de leerlos, la Musa marcó mi número:
"¿Por qué me describes con palabras de epitafio?
Según mi espejo de mano, no estoy muerta
        ni soy estatua.
Tampoco quieras que me asemeje a tu madre.
¿Estás enfermo, o qué sinrazones
te obligaron a cambiar de poética?
¿Acaso aseguras un túmulo en la Rotonda
        de los Ilustres,
en el Colegio Nacional,
        o paladeas dieta vitalicia?

Escúchame: no escribas más como geómetra abstraído,
en un lenguaje de cristales que entrechocan,
capaz de pintar una batalla como ramo de madreselvas.

Confía en el instinto: que tus labios refieran con orgullo
        mi talento en el baile, mi afición por el vino.
Presume al lector de mis piernas en loca bicicleta,

Once again
>   my word didn't achieve Poetry.

Unharmed
on the tree branch
but teary-eyed
you implored me:
"Try again,
>   try again."

The Poet Reprimanded by the Muse

"In the presence of your tresses, the wind
could not entangle itself.
Your lips endure, pristine.
The light alone—in cameo—fixed fast the memory."
Such were the poems I wrote while contemplating Her.

After reading them, she gave me a call:
"Why describe me in the language of epitaphs?
According to my mirror I'm neither a stiff nor a statue;
And why compare me to your mother?
Are you ailing? What wrongs
prompted you to change your poetics?
Are you aiming for a tomb in the Rotunda of the Illustrious Ones
in the National College, or hankering after a lifelong subsidy?

Listen: stop writing like some absent-minded geometer
in language that sounds like tinkling crystal
and that turns a battle into a branch of honeysuckle.

Trust your instinct: let your lips boast
>   of my dancing prowess, my zest for wine.
Brag to the reader about my wildly-churning legs,
sweaty encounters, that bear fruit
>   in your epigrams.

de los encuentros sudorosos, cuyos frutos
      son tus epigramas.

Tampoco ocultes que tenemos diferencias.
Entre la musa que riñe contigo y la que duerme en un lienzo,
no dudes: confía en el instinto."

Hombres de bolsillo

Los hombres de bolsillo son pequeños,
visten de oscuro
y corren peligro de ser confundidos con ratones.
No obstante, son inofensivos
y es débil su chillido.
Se limitan a cumplir,
no más, no más.
Como buenos relojitos caminan por la calle.
¡Qué lindos muñequitos de cuerda,
qué monos!
No sienten la cadena que va desde su cuello
hasta el chaleco de los dioses
ni la mano que tranquila
los guarda en el bolsillo.

[Alicia, carta de]
    Para Agustín Contreras

Señor mío Jesucristo,
Dios y hombre verdadero,
te ruego clemencia y libertad
para un amigo muy querido
juzgado y sentenciado
por el Papa y su ejército de naipes.
    Su nombre: Lewis Carroll.
    Motivo: amar corazoncitos tiernos.
Y es verdad, lo reconozco:

And don't hide the fact that we have our differences.
Don't confuse the Muse who laughs with you
with the one who sleeps on canvas: trust your instinct."

Pocket People

Pocket people are small,
wear dark clothing
and may be mistaken for mice.
Still, they're harmless
and their shrieks faint.
They do just what they must,
no more, no more.
Like good little watches they run along the street.
Such lovely little wind-up dolls,
such monkeys!
They don't feel the chain that stretches
from their neck
to the waistcoat of the gods
or the hand that so easily keeps them
in its pocket.

[Alice, Letter from]
For Augustín Contreras

My Lord, Jesus Christ,
True God and true man,
I beg mercy and freedom
for a very dear friend,
judged and sentenced
by the Father and his bevy of nuns.
      His name: Lewis Carroll.
      The charge: Loving tender little hearts.
And it's true, I admit it:

A mí me dio placer antes de tiempo,
pero no tenía alternativa:
en el jardín no afloraban mujeres
sino yeguas y gallinas disfrazadas.

   Señor:
él es un tipo inteligente,
sin intenciones de seducir a niñas de encaje blanco,
¡qué va!, tan sólo busca la pureza
   (por eso también ama las matemáticas).

Si no lo absuelves, Señor,
si no le das su libertad,
romperé mi catecismo
   y votaré por Freud en las siguientes elecciones.

Tentaciones de san Héctor

Señor:
He pecado.
La culpa la tiene Santa Dionisia,
la secretaria de mi devoción,
quien día a día
   me exhibía sus piernas
  —la más fina cristalería—
tras la vitrina de seda.
  Pero cierta vez
Santa Dionisia llegó sin medias,
dejando el vivo cristal al alcance de la mano.
Entonces las niñas de mis ojos
  —desobedeciendo la ley divina—
tomaron una copa,
quedando ebrias en el acto.
¡Qué ardor sentí
   al beber
     con la mirada
el vino de esas piernas!

he pleasured me ahead of time,
but he had no choice:
no women blossomed in his garden,
only gussied-up mares and hens.

    Lord:
He's a brilliant guy,
without meaning to seduce girls in white lace,
absolutely not! He's only looking for purity
        (which is why he also loves mathematics).

If you don't absolve him, Lord,
if you don't give him his freedom,
I'll tear my catechism to pieces
        and vote for Freud in the next elections.

Saint Hector's Temptation

Lord:
    I have sinned.
Saint Dionysia is to blame,
the secretary to whom I'm devoted,
who day after day
              flaunts her legs
   —finest crystal—
behind their silken showcase.
                    But one particular time
Saint Dionysia appeared without stockings,
leaving the living crystal within hand's reach.
Then my eye's pupils
           —disobeying Divine Law—
drank a goblet
that left them instantly inebriated.
What ardor I felt
        to drink
              with a glance
the wine of those legs!

Por eso, Señor,
no merezco tu paraíso.
Castígame; ordena que me ahogue
en el fondo de una copa.

Respuesta de Dios a la confesión de San Héctor

      San Héctor, hijo:
                      tu pecado es grande
pero no tan grave como el mío.
¿Qué voy a hacer ahora, san Héctor?
Escucha:
        tú deseaste
los labios de una hembra,
pero mi pequeño cardenal deseó a mi madre,
la Virgen;
y la culpa la tiene ese Freud, mal amigo,
ahora en el infierno:
                      me obligó a espiar
por el ojo de la puerta:
en su altar
mi madre se ajustaba una media
con lujo de detalles.
¡Qué espectáculo, san Héctor,
                      qué delicia!
Pero, ¿qué voy a hacer ahora
si se enteran los discípulos?
¿Qué diría Juana Inés?
Cuando lo sepa el diablo, ese Marx,
se morirá de la risa.
                      Ayúdame, san Héctor,
te lo suplico,
reza por mí,
y no te preocupes, hijo mío,
                      estás absuelto.

Lord, that's why
I don't deserve your paradise.
Punish me; order me drowned
in the depths of a goblet.

God's Response to Saint Hector's Confession

      Saint Hector, my son:
                your sin is great
but not as grave as mine.
What am I going to do now, Saint Hector?
Listen:
      you coveted
a woman's lips,
but my tiny cardinal coveted my mother,
the Virgin;
and the one to blame is that Freud, foul friend,
now in hell:
      he made me spy
through the keyhole:
              at her altar
with languorous gestures
my mother was adjusting a stocking.
How spectacular, Saint Hector,
              How delicious!
But what do I do now
if my disciples find out?
What would Sor Juana Inés say?
When that devil, Marx, finds out,
he'll die laughing.
          Help me out, Saint Hector,
I beg you,
pray for me,
and don't worry, my son,
             you're absolved.

Odisea II

En este viaje ya no importa
conocer nuevos países, plagados de sorpresas,
ni besar los pies a la desconocida
que nos espera en cada puerto,
ni siquiera compartir con los amigos
fauna y flora de Neptuno.

En verdad te lo digo,
          abuelo Ulises,
ahora ya no hay tiempo que perder
en paladear la estúpida caída de la tarde.
Ahora, te lo vuelvo a repetir,
lo único importante
es llegar muy rápido a la Cólquide
          y hacerse rico
                    a costillas de quien sea:
vestirse el traje de oro
          y dejar lustroso
todo lo que toque nuestro guante.

Mi padre me visita algunas noches

Siempre de noche, mi difunto y yo
nos encontramos en la esquina
de Allende y Donceles
o en el comedor sin luz de los abuelos
o bajo la marquesina iluminada
de cierto cine en ruinas.

A veces me acompaña
a tertulias en ruidosos cafés
donde no bebe ni participa.
Sus ojos, sin embargo, muerden
los labios de mis amigas.

Odyssey II

On this voyage it's definitely not necessary
to discover new lands, crawling with surprises,
or kiss the feet of exotic women
waiting for us in every port,
or even divvy up with friends
Neptune's flora and fauna.

I'll give it to you straight,
       Uncle Ulysses:
there's no time to waste
contemplating the stupid sunset.
I repeat:
the only thing that matters
is to get to Colchis real soon
       and make ourselves real rich,
              no matter at whose expense,
get decked out in the suit of gold
       and leave a shine
on everything our glove touches.

Some Nights My Father Visits Me★

Always at night my deceased one and I
meet on the corner
of Allende and Donceles
or in the grandparents' lightless dining room
or under the marquee
of the Rex or some other wrecked cinema.

Sometimes he tags along
to literary gatherings in noisy cafés
where he doesn't drink or join in.
But his eyes gnaw
on the lips of my women friends.

Nadie advierte su presencia,
nadie supone que está a mi lado.

En ocasiones pisamos
el umbral del gran vestíbulo
y abrimos paso, sin aliento,
a las sombras que transitan
junto a nosotros.
Otras noches, en cambio,
yo escolto a mi padre,
quien se aferra en adquirir
un frac o un trajecito marinero.
También busca, lo sé,
la capa y la corona.

De ventanal en ventanal
nuestros pies sin peso
recorren López, Tacuba, Moneda.
La travesía me impide el descanso,
pero un hijo jamás debe contrariar,
mucho menos a un muerto.

Momentos antes de su regreso
      al cementerio
mi padre insiste en heredarme
      pequeños objetos
que no logro recordar en la vigilia
o desenrolla un mapa
en donde su memoria confunde las pistas.

Yo sé que en el fondo busca la reconciliación.
Si se la diera, se iría a dormir tranquilamente
y yo me quedaría esperándolo,
noche tras noche, en un crucero
o al pie del pedestal.

No one notices he's there;
no one imagines he's dead.

Occasionally we walk to the entrance
of a grand vestibule
and breathlessly make our way
to the shadows that flit
hard by.
Most other nights
I accompany my father
who's determined to acquire
a tail coat or sailor suit.
I know he's also looking out
for the cape and crown.

From one display window to another
our weightless feet
travel the streets—López, Tacuba, Moneda.
The wandering keeps me from rest
but a son must never be contrary,
especially to a dead parent.

Moments before he returns
to the cemetery
my father insists on bequeathing me
small objects I can't remember
at daybreak
or he rolls out a treasure map,
its trails muddled by memory.

Deep down, I know he's looking for a reconciliation.
If I were to give it, he'd sleep in peace
and I'd be left waiting,
night after night,
at a crossroads or at the foot of a pedestal.

★*the author's recurring dream*

Café de chinos

La dinastía del centro sirve café con leche y pan dulce en vez de sopa de
        nido de golondrina,
entre maderas descascaradas y virgencitas de Guadalupe.
Por la noche aquí se refugian dioses retirados y boxeadores en el
        invierno de su gloria.
Aquí hacen escala patrulleros, delincuentes, el taxista y la billetera,
después de la pachanga, el taloneo, la última función.
Desde mi mesa observo cómo el carmín se deslava en el rostro de la rubia:
desde la barra suelta sus perros al cincuentón relamido.
Detrás de la caja, un escuálido dragón cuida el sueño
de cada águila o sol.
Su mirada de rescoldos, ¿a quién vigila?

Es un simple café de chinos, un muelle abierto a quienes temen las
        veredas del insomnio.

Meto una moneda en la ranura.
De un salto, el bolero alcanza toda oreja
y a la hora de cerrar
un espejo con las fauces abiertas
se traga, de golpe, el alma
—sin yin ni yang—
de los últimos desvelados.

Chinese Café

The Chinese dynasty downtown serves *café con leche* and *pan dulce*
        instead of swallow's nest soup,
among peeling woodwork and tiny Virgins of Guadalupe.
All night long retired divinities and boxers in the winter of their glory
        take refuge there.
Cops on the beat, punks, the cab driver and the woman who sells
        lottery tickets drop in,
after the wild party, the brisk walk, the last gig.
From my table I watch how carmine fades from the blonde's cheeks:
from the bar she makes goo-goo eyes at some fifty-ish slicked-up guy.
Behind the cash register a scrawny dragon watches over the sleeping
        heads and tails of small change.
That fiery glance: who's he eyeballing?

It's an ordinary Chinese café, a wharf open to those frightened by
        insomnia's pathways;

I insert a coin into the slot.
All of a sudden the bolero strikes every ear
and at closing time, with one gulp,
a mirror's gaping jaws swallows the souls
—with neither yin nor yang—
of the last ones still awake.

Jennifer Clement

Jennifer Clement nació en Estados Unidos, en 1960. Estudió las carreras de Letras Inglesas y Antropología en la Universidad de Nueva York y Letras Francesas en París, Francia. Es becaria en el Sistema Nacional de Creadores. Ha escrito los libros: *La Viuda Basquiat, El Marinero de Newton, El próximo extraño, La Dama de la Escoba, Una historia verdadera basada en las Mentiras,* y *El veneno qui fascina.* Fue finalista en el Premio William Faulkner en Estados Unidos y el Orange Prize for Fiction del Reino Unido y ganadora del Canongate Prize for New Writing y el Booksellers' Choice, *The Bookseller,* en el Reino Unido.

(Translations into Spanish by Consuelo de Aerenlund)

Para Suzanne

Ella pinta a Joan Burroughs con una manzana
sobre la cabeza.
Dio en el blanco—explica.
Y pinta negros que usan sombreros de cowboys
con letreros de lona que dicen "God Bless America".

Somos dos mujeres
acurrucadas en la uva de cada una de nosotras,
y por eso entendemos
que en algunos sitios de África
todavía las mujeres se casan con los árboles.
Ella dibuja famélicos hombres
que disparan flechas a las frondas.

A las dos de la madrugada,
ella se refiere a una mujer
con la piel transparente
hallada antes de las guerras en Alemania.
A las cuatro, ella es una gitana
con aliento de trigo.

Inclinándose, se acurruca a mi lado,
ensaya las mentiras que la hacen crecer
como hogaza en el horno

Jennifer Clement

Jennifer Clement was born in the United States in 1960. She studied English literature and anthropology at New York University and French literature in Paris. She has received stipends from Mexico's National System of Artists. Her books are: *Widow Basquiat*, *Newton's Sailor*, *The Next Stranger*, *Lady of the Broom*, *A True Story Based on Lies*, *The Poison that Fascinates* and *New and Selected Poems* (Shearsman Books, 2008). She was a finalist for the William Faulkner Award in the United States and for the Orange Prize for Fiction in the United Kingdom. She has won the Canongate Prize for New Writing in the UK, and her second novel was a 'Booksellers' Choice' in the UK magazine, *The Bookseller*.

For Suzanne

She paints Joan Burroughs with an apple
on her head.
Bull's-eye, she says.
And she paints black men in cowboy hats with
"God Bless America"
lettered across the canvas.

We are two women
nestled in the grape of each other,
for all this we understand:
in some African places
women still marry trees,
she draws starved men shooting arrows
into branches.

At two a.m. she talks about a woman
with transparent skin,
found in Germany, before the wars.
By four she's a Gypsy
with the breath of wheat.

She bends herself into my side,
tests lies that swell in her
like baking bread,

y de esta manera se completa.
Baila, pisando sus pies.

Y cuando al fin amanece,
ella duerme en el remanso de su cama,
hecha ovillo con forma de oreja,
viste los nombres de muchachas africanas: Pececillo,
Brazo Bonito, Abeja Colgante,
Agua Derramada.

Con Suzanne

Vestidas de encaje negro y bilet rojo
—Suzanne se parecía a Minnie Mouse—
atravesábamos la calle de Houston
para obtener sus drogas, y regresábamos a su apartamento
que olía a ciruelas y pintura al óleo,
en donde ella había escrito en la pared de su cama:
"Cuanto mas satisface el hambre,
mas la despierta".

Nosotras escuchábamos a Peggy Lee cantando *Fever*
y bebíamos un jugo de manzanas amarillas
que tomábamos del refrigerador
cubierto de garabatos pintados por Basquiat
(que un día habría de vender en Christies
por cinco mil dólares).
Suzanne encontró a Jean-Michel
en una banca de Washington Square.

Otro al que amo y perdió
fue a Michael Stewart
quien fue asesinado por siete policías
por haber pinado graffiti en una estación del metro.
La llamo la "viuda".
Ella habla y habla
de sus jóvenes morenos y extraviados
que tocaron la noche en su cabello.

through them she is complete.
She dances, stepping on her feet.

And at dawn, when finally she sleeps,
her body round,
ear-shaped in the cove of her bed,
she wears the names
of African girls: Small Fish,
Pretty Arm, Hanging Bee,
Spilled Water.

With Suzanne

Dressed in black lace and red lipstick,
and Suzanne looking just like Minnie Mouse,
we'd walk past Houston Street
to get her drugs
and then back to her apartment
that smelled of prunes and oil paint
where she'd written,
"She makes hungry, where most she satisfies,"
on the wall above her bed.

We would listen to Peggy Lee sing *Fever*
and drink gold apple juice
from a refrigerator covered
in Basquiat's doodles—(one day
she'd sell it at Christies
for five thousand dollars.)
Suzanne says she found Jean-Michel
on a bench in Washington Square Park.

Another one she lost and loved
was Michael Stewart
killed by seven policemen
for painting graffiti in a subway station.
I call her "widow".
She can talk and talk about her stray, small dark boys
who touched the night in her hair.

Sus manos rara vez se abren,
permanecen con los puños cerrados
escondiendo números telefónicos
escritos en tinta negra a lo largo de sus dedos.
Algunas de sus ropas
nunca fueron lavados por ella
porque aun conservan la esencia
de cierta noche.
Cuando Suzanne pone en orden su closet
me regala algunas prendas
suéteres de aventuras pasadas
que ahora carecen de importancia,
pero que huelen todavía a vino
y me mantienen vestida
con los besos de otros.

La pesca mayor

Después de haber bailado toda la noche
en el Mudd Club
con guantes de encaje negro,
y medias negras
(nuestros disfraces nocturnos
de "a que no te atreves"),
Suzanne y yo tomábamos un taxi
rumbo a los muelles
y al mercado de pescados.
Nos sentábamos en los bordes de las cajas de madera,
llenos del tenue brillo
de escamas y sal,
y escuchábamos a los pescadores presumir y jactarse
de su pesca mayor.
Lentamente,
mientras el sol llenaba el cielo,
nuestras piernas y caderas
se enredaban en sus redes.

Her hands rarely open
but stay curled in small fists,
hiding phone numbers
written in black ink along her fingers.
Some of her clothes
she's never washed
because they still carry the scent
of some evening.
When Suzanne cleans out her closets
she gives me these clothes—
sweaters that no longer matter
from affairs that have passed,
but still smell of wine
and keep me dressed
in other people's kisses.

The Biggest Catch

After dancing all night
at the Mudd Club
dressed in black lace gloves, black dresses,
black stockings
(our night-time "dare-me" costumes),
Suzanne and I would take a taxi
down to the docks
and fish market. We'd sit on the edges of wooden boxes
filled with the shimmer
of scales and salt
to hear the fishermen boast and brag
about their biggest catch.
Slowly,
as the sun filled the sky,
our legs and hips
would become entangled in their nets.

Mi joven viuda

Suzanne solo vive en los rincones
envuelta en su bata negro murciélago.
Ella huele a muro de convento
y tiene una palidez Rembrandt,
ojos fantasma
y sonríe
la secreta media
sonrisa de las monjas.

En las noches de quietas arañas,
las velas llenan
el aliento de Suzanne,
mientras sus mágicos ojos linterna
todavía lo buscan a él.
Y en su voz de colibrí,
voz de sonámbula,
ella llama a su esposo perdido.
No hay dientes
adentro de sus palabras.

El despertar

Tarde en una noche de verano
me visitó el pirata.
Le enseñé
el dobladillo de mi falda
y cómo ponerme mis anillos.
Permití que me lavara la cara
y me cortara el cabello.

De su barco me trajo
agua de mar para beber
y me obligó a apagar las velas
con mis manos
para que se quemaran.

My Young Widow

Suzanne lives only in corners,
cloaked in her bat-black cloth
she smells of convent walls.
She has a Rembrandt-pallor,
spook eyes,
and smiles
the secret, half-smiles
of nuns.

On spider-quiet evenings,
Suzanne's breath
is filled with candles,
as her magic-lantern eyes
seek him still.
And in her hummingbird-voice,
voice of a sleepwalker,
she calls to her lost husband.
There are no teeth
inside her words.

Awakening

Late one summer night
the pirate visited me.
I showed him
the hem of my skirt
and how to put on my rings,
I let him wash my face
and cut my hair.

From his ship
he brought seawater for me to drink,
and he made me put out the candles
with my hands
to burn them.

Me dijo que le entregara todo
lo que me pertenecía.

Así, pues, le di
mis cajas de hilos y de agujas,
mi vestido de terciopelo verde
y libros cerrados
saturados de mi aliento.

Al paso de las tardes,
cuando el sol me quema las mejillas,
lo siento en mi espalda
caminando sobre los huesos
de mi sombra.

El pirata

Amaneciendo
el pirata me da de comer
con sus manos.
Y yo saboreo los dedos
que por la noche
me cosen y pespuntan
a él
como a una vela.

El barco

El deja sus sables y espadas
cerca de la puerta.
El se ha robado todas mis cosas
y esta transformando mi habitación
en un barco.
El trae cuerdas, mástiles quebrados,
las plumas de un albatros,

He told me to give him everything
that belonged to me.

So I gave
my boxes of needles and threads,
my green velvet dress,
books closed
and filled with my breath.

All afternoon,
as the sun burns my cheeks
I feel him behind me
walking on the bones
of my shadow.

The Pirate

At dawn
the pirate feeds me
with his hands.
I taste his fingers
that at night
sew and stitch
me to him
like a sail.

The Ship

He leaves his sabers and swords
by the door.
He has stolen all my things
and is turning my room
into a ship.
He brings rope, broken masts,
feathers from an albatross,

conchas y percebes.
El me acuesta
en el piso
sobre la arena.
El me anuda espinas de pez en el cabello
y me obliga a comer perlas.
En su boca
yo escucho al océano.

Agua de tina

Muerde ese hombro
redondo y pulido como una piedra de río,
besa los pequeños pozos de su cuello,
nada en las corrientes de su cabello.
Cuando la dejas
para abordar tu barco
hacia puertos nuevos
ella se baña en la tina
rodeada de manzanas y naranjas flotantes.
Ella sabe que el agua de su baño
llegará al mar
y que tu navegarás
en la espuma y las células de su piel.

En el muelle

Protegida en el interior de mi propio
Aliento denso
De miel, sol y barro,
Me miro más obscura
Que mi propia sombra.
Todo en mi lo espera,
Mientras chupo una granada
única fruta
que tiene dientes.

shells and barnacles.
He lays me down
on the floor
in the sand.
He knots fish bones in my hair
and makes me swallow pearls.
In his mouth
I hear the ocean.

Bathwater

Bite her shoulder
round and smooth like a river stone,
kiss the small wells in her neck,
swim in the currents of her hair.
After you leave
for the next ship and harbor,
she bathes in her tub
with apples and oranges
floating around her.
She knows that her bathwater
goes to the sea
that you sail
within her soap and cells.

On the Docks

Sheltered inside my own
vaporous breath
of syrup, sun and clay
I feel darker
than my own shadow.
All within me waits for him
as I suck on a pomegranate,
the only fruit
that has teeth.

"Después de ahogado el niño, tapan el pozo"

Ciempiés fantasma blanco, larvas,
renacuajos, grava,
astillas de ladrillo, musgo azul,
escupitajo y monedas,
tablón de madera,
hojas de jacaranda empapadas,
pluma de golondrina,
ala de escarabajo, reflejo de luna
y un zapatito.
Todo tapado ahora
con laminas de metal
y montones de piedra.
Pero el agua oscura del pozo
escurre en la tierra
por debajo de los caminos polvorientos
y humedece las cosechas
y los jardines.

"Después de ahogado el niño, tapan el pozo"*

White-ghost centipedes, larvae,
tadpoles, gravel,
shards of brick, blue moss,
spit and coins,
slab of wood,
sodden jacaranda leaves,
swallow feather,
beetle wing, reflected moon
and one small shoe.
All covered now
by metal sheets
and piles of stone.
But the dark well water
seeps through the ground
under dirt roads
and into the crops
and gardens.

* *Mexican saying," After the child drowns, they cover the well".*

Elsa Cross

Elsa Cross nació en México en 1946. Es maestra y doctora en filosofía por la Universidad Nacional Autónoma de México. Hizo estudios de filosofía hindú en Estados Unidos y en la India, donde vivió dos años. Gran parte de su obra está reunida en *Espirales. Poemas escogidos 1965–1999* (2000). Sus últimos libros son la trilogía *Los sueños—Elegías* y *Ultramar—Odas*, y *El vino de las cosas—Ditirambos*; *El cuaderno de Amorgós* y *Bomarzo*. Una amplia antología de su obra, *Miroir au soleil*, apareció en Bruselas (1996), en traducción francesa de Fernand Verhesen con presentación de Octavio Paz. Ha traducido y publicado libros de poesía de Saint-John Perse, Yves Bonnefoy y de Ezra Pound. Es autora de *La realidad transfigurada*, sobre la estética de Nietzsche. Recibió los premios nacionales de poesía Aguascalientes y Jaime Sabines por sus libros *El diván de Antar* y *Moria*, y el Villaurrutia por *El cuaderno de Amorgós*. Traducción inglesa: *Selected Poems* (Shearsman Books, 2009).

Bacantes

> *¡Hombre! ¡Ah, Ariadna!*
> *Tocaba la flauta y la música guiaba sus pasos*
>   Apollinaire, 'El músico de Saint-Merry'

I

En la fuente nos hemos sumergido.
A su corriente dejamos nuestros cuerpos
como bancos errantes,
tierra que se desprende
llevándose la orilla de espadañas.
Fluimos por sus transparencias
y en el fondo de ese lecho
nuestras piernas rozaban un musgo suave.
Plantas se enredaban a los pies.
Sentíamos el paso de esos peces
que a un descuido, decían,
se pegaban entre los muslos de las mujeres.
Y todo el tiempo una frase en los oídos

Elsa Cross

Elsa Cross was born in Mexico City in 1946. She holds a Master's and a Doctorate in philosophy from the National Autonomous University of Mexico (UNAM). She studied Hinduism in the United States and India, where she lived for two years. Most of her work is collected in *Espirales. Poemas escogidos 1965–1999* (2000). Her most recent books are the trilogy *Los sueños—Elegías, Ultramar—Odas, El vino de las cosas—Ditirambos*; *El cuaderno de Amorgós* (2008) and *Bomarzo* (2009). An extensive selection of her work was translated into French and published in Brussels with a foreword by Octavio Paz: *Miroir au soleil* (1996). She has translated and published books of poetry by Saint-John Perse, Yves Bonnefoy and Ezra Pound, and is author of *La realidad transfigurada,* a book on the aesthetics of Nietzsche. Elsa Cross has received the Aguascalientes National Poetry Prize, the Jaime Sabines Prize, and the Villaurrutia Prize. In English: *Selected Poems* (Shearsman Books, 2009).

(Translated by Michael Smith and Luis Ingelmo)

Bacchantes

> *Man! Ah, Ariadne!*
> *He played his flute and music led his steps*
> Apollinaire, 'The Musician from Saint-Merry'

I

We submerged ourselves in the spring.
We left our bodies to the current
like straying sandbanks,
a land that falls away
carrying off the shore of bulrushes.
We flowed through its transparencies
and in the depth of its bed
our legs brushed against a soft moss.
Plants entwined our feet.
We felt the passing of those fish
that, by accident, so they said,
would cling amid the women's thighs.
And always a phrase in my ear

pulsando al límite sus cadencias más altas.
Río abajo veíamos las ramas contra el cielo.
El sol dibujaba en nuestros cuerpos
la sombra de las hojas.
La brisa traía tu olor.
Pasamos bajo un sauce
y sus ramas detenían de los cabellos
todo ese impulso río abajo.

II

Rodeados de los cerros como murallas
los hombres jugaban en las terrazas.
Ruido de carreras sobre el pasto.
Un azul morado en el aire cuando el sol se metía.
Los pájaros iban callando.
Los murciélagos alzaban su vuelo errático.
Los hombres corrían tras los tantos del juego,
sus gritos reverberaban entre los cerros.
Ovación.
Te levantaban en hombros,
te llevaban cuesta abajo a celebrar.
A cada salida de ese pueblo, un templo.
Las siete puertas resguardadas por los arcángeles, decían.
Y el nuestro en suerte se embriagaba en los portales,
hablando del cielo y del infierno
como de sitios separados por dos pulgadas
dentro del cuerpo.

III

Nada de tus prestigios santos.
Las mujeres te esperaban como un advenimiento,
y llegaste con marihuana en los bolsillos,
el cabello en desorden,
quién sabe de cuáles correrías salido apenas.
Y tenías algunos enigmas que responder

sounding its highest cadences at the edge.
Downstream we saw branches against the sky.
The sun sketched on our bodies
the shadow of leaves.
The breeze brought your scent.
We passed under a willow
and its branches held back by our hair
all that drive downriver.

II

Surrounded by hills like walls
the men were playing on the terraces.
Din of racing on the grass.
A purple blue in the air when the sun set.
The birds were becoming quiet.
The bats were climbing up in their erratic flight.
The men were keen to score in the game.
Their shouts reverberated amid the hills.
Ovation.
They raised you on their shoulders,
they carried you downhill to celebrate.
At every entrance of that village, a church.
The seven doors protected by archangels, so they said.
And ours by chance got drunk on the porches,
talking of heaven and hell
as places separated by two inches
inside the body.

III

Nothing of your blessed prestige.
The women were anticipating your coming, like an advent,
and you arrived with marijuana in your pockets,
your hair messed up,
just out of who knows what escapades—
And you had some queries to answer

como a la Reina de Saba.
Te reías de verlas tan piadosas,
tus hermanas de leche,
y como Shiva en el Bosque de Pinos,
desplegando un gran falo
las sedujiste en las barbas de sus maridos,
los ascetas.
Y ellas te siguieron.
Ninguna maldición te alcanzaba,
oh Fumador-de-Hierbas-Intoxicantes.
Arriba, señales de espejos en las ramas.
La tierra quieta, esperando,
como en día de mucha fiesta.
Y allá bajaban los Concheros
con sus flautas y sus tambores tristes,
sus cascabeles de semillas secas.
Danza de espejos bajo el sol.
En el barrio de la Cruz tronaban cohetes.
De los postes habían colgado banderas de colores.
La gente ebria por las calles
iba en procesiones tambaleantes,
a punto de caer en las piedras disparejas.
A la noche luces de bengala,
tus espejos de humo.
Los cohetes retumbando como disparos.
Gente amante del fuego.
En tantos lados hallamos
cartuchos de bala enmohecidos,
quemadura de pólvora en los muros.
Los niños soplaban contra los rehiletes,
soplaban contra las flores
volando sus pétalos al viento.
Mujeres te seguían.

IV

A orillas del barranco esperábamos la noche.
Por ese valle que estaba a nuestros pies
¿no se paseó la vista de los Conquistadores?

like to the Queen of Sheba.
You smiled to see them so devout,
your milk sisters,
and like Shiva in the Pine Wood
unfolding a great phallus
you seduced them right under their husbands' beards,
the ascetics.
And they followed you.
No curse reached you,
O Smoker-of-Intoxicating-Herbs.
Above, mirror signals in the branches.
The tranquil earth, waiting,
like a day of great festivity.
And there the Concheros went
with their flutes and mournful drums,
their hawk-bells of dry seeds.
Dance of mirrors under the sun.
In the district of the Cross rockets thundered.
From the poles they had hung coloured flags.
The people drunk in the streets
were moving in staggering processions
on the point of falling on the uneven cobblestones.
At night sparklers,
your mirrors of smoke.
Rockets rumbling like gunshots.
People fond of fire.
In so many places we found
mouldy bullet cartridges,
gunpowder burns in the walls.
The children puffed at the toy windmills,
they puffed at the flowers
sending up their petals on the wind.
The women followed you.

IV

On the edge of the ravine we awaited the night.
Did not the Conquistadors run their eyes
over that valley at our feet?

Las luces comenzaban a encenderse
y nuestras mentes se apagaban,
pues la vigilia abría su vientre de araña,
sus diosas blancas.
Nos saciamos de vinos y de olores.
Y cada noche una prueba de fuego,
como los Bardos en las cimas desiertas
a pulso deteniendo conminaciones atroces
y divinas.
Y dudar si saldríamos con vida de ese túnel,
de esa noche vuelta hacia la nada.
Vinos dulcísimos
dejábamos caer por la garganta.
Nos saciamos de mieles.
Y en lo alto de la noche
la gracia inaudita de tu cuerpo.
El mundo se cerraba sobre nuestras cabezas,
se perdía tras de la lluvia.
Olvidábamos cuidar de los hijos,
como Bacantes,
olvidábamos las casas.
Fiesta era la lluvia sobre el monte.
¿Y quién podía predecir si no sería fulminado?
Transgresión abierta.
Tanto espanto,
tanta belleza creando en torno un vacío
nos succionaba como ojo de tempestad.
Y te dabas a mi deleite.
Te seguimos en el descenso hacia tus antros.
Y en el fondo sólo había
patas de insectos rozándonos la espalda,
alas de mariposa.
Y la diosa fecunda
ahogándonos contra su vientre húmedo.
Caían relámpagos,
rodaban los truenos por el cielo
de la cresta de los cerros al paraje de nadie.
Caminábamos casi sobre el aire,
como ir por terrenos minados.
Y una explosión nos trajo tanta gloria.

Lights began to be switched on
and our minds were being switched off,
since the vigil opened its spider womb,
its white goddesses.
We satiated ourselves on wines and odours.
And every night an acid test,
like the Bards on deserted peaks
strenuously holding atrocious and divine
threats.
Not knowing if we would leave alive that tunnel,
that night turned toward nothingness.
We let the sweetest wines
slip down our throats.
We satiated ourselves on honeys.
And at the height of night
the unheard-of grace of your body.
The world closed over our heads,
lost itself in the rain.
We forgot to mind our children,
like Bacchantes,
we forgot our homes.
The rain was a fiesta on the mountain.
And who could predict his own fulmination?
Open transgression.
Such fright,
Such beauty creating an emptiness around
sucked us like the eye of a storm.
And you took to my delight.
We follow you in the descent to your caverns.
And in the depth there were only
legs of insects brushing our back,
butterfly wings.
And the fertile goddess
smothering us against her humid womb.
Lightning struck,
thunders rolled through the sky
from the crest of the hills to no one's spot.
We walked almost on air,
as though walking through a minefield.
And an explosion brought us so much glory.

V

De pueblo en pueblo con las ropas manchadas,
los cabellos al viento,
comíamos, oh dioses, vuestro soma:
hongos llenos de tierra.
Estábamos bajo el volcán viendo la vida derruirse.
Peligro en todos los pasajes.
De estiércol hicimos hogueras
para quitarnos tanto frío de los huesos.
Oh vacas madres.
De estiércol nuestro lecho.
Temblaba la tierra.
Ese día los toros mataron hombres en la plaza.
Y desde lo alto
el fuego era el sol,
la oblación nuestros cuerpos,
la oración
esas chicharras a punto de morirse.
Y esas gotas a punto de caer sobre la tierra
yo las recibo.
Desde lo alto mirábamos el valle
y tú pedías fruta.
Los tajos en el monte, las grietas
hacían cantar el viento.
Ese día volvían las golondrinas
buscando sus nidos en lo alto del peñasco.
Vimos sus signos.

(1981)

V

From village to village with stained clothes,
hair to the wind,
we ate, O gods, your soma
mushrooms all covered in dirt.
We were under the volcano looking at life being destroyed.
Danger on all the roads.
We made fires out of dung
to drive such chill from our bones.
O, mother cows,
Our bed of dung.
The earth trembled.
That day the bulls killed men in the bullring.
And from high up
the sun was fire,
our bodies oblation,
prayer
those cicadas on the point of dying.
And those drops about to fall on the earth
I receive them.
From the height we looked at the valley
and you were asking for fruit.
The clefts in the mountain, the crevices
made the wind sing.
That day the swallows were returning
looking for their nests at the height of the crag.
We saw their signs.

(1981)

Antonio Deltoro

Antonio Deltoro nació en la ciudad de México en 1947. Recibió la beca del Sistema Nacional de Creadores, de 1993 a 1999, que volvió recibir en 2005. Ha publicado los libros: *Algarabía inorgánica* (1979), *Donde conversan los amigos* (1982), *¿Hacia dónde es aquí?* (1984), *Los días descalzos* (1992), *Balanza de sombras* (1996), *Poesía reunida* (1998) y *El Quieto* (2008). En España publicó el libro *Poemas en una balanza* (1998) y, en Quebec, en edición bilingüe, la antología *Constancia del asombro* (2000). Recibió el Premio Nacional de Poesía Aguascalientes (1996), el Premio de la revista *Viceversa* (1997). En el 2009 publicó *Un sol más vivo*, antologia de la poesía de Octavio Paz, con prólogo y selección suyos.

Caligrafías

En este papel, hoy viernes,
escribo estas líneas con mi mano
y me parece que las traza la mano de mi padre:
no por su espíritu, por su caligrafía.

Antes estas apariciones me daban miedo;
si descubría su letra me detenía asustado;
ahora vuelvo de su letra a la mía
y guardo estos manuscritos:
en sus trazos está él incorporándome
a sus paseos y a sus lecturas,
a su elegancia y a sus fracasos,
a su exilio y a su guerra civil.

La caligrafía de mi madre, en cambio, se inclina
como un patinador de velocidad en el hielo
y surge de la mía como esos gestos
que en el rostro o en la mano de un niño
nos hacen vivir la juventud de sus abuelos.

La caligrafía de mi madre ama la rapidez, la eficacia
y el relámpago de la zarpa que sorprende a su presa,
en ella no está su ternura sino el traje sastre
y los tacones bajos de una muchacha epigramática
de los años treinta.

Antonio Deltoro

Antonio Deltoro was born in Mexico City in 1947. He was a fellow of Mexico's National System of Artists from 1993 to 1999, and again in 2005. His poetry collections are: *Algarabía inorgánica* (1979), *Donde conversan los amigos* (1982), *¿Hacia dónde es aquí?* (1984), *Los días descalzos* (1992), *Balanza de sombras* (1996), *Poesía reunida* (1998), and *El Quieto* (2008). In 1998, his *Poemas en una balanza* appeared in Spain, and in 2000, a bilingual selection, *Constancia del asombro* appeared in Quebec. He was awarded the Aguascalientes National Poetry Prize in 1996 and the *Viceversa* magazine poetry prize in 1997. In 2009 he edited and introduced a selection of the poems of Octavio Paz, *Un sol más vivo*.

Calligraphy

On this piece of paper, today, Friday,
I write these lines with my hand
and it seems my father's hand is drawing them:
it's not their spirit, it's their calligraphy.

These apparitions used to scare me;
if I discovered his writing I stopped, terrified;
now I return from his letters to mine
and keep these manuscripts:
in these strokes he incorporates me
into his outings and his readings,
into his failures and his elegance,
into his exile and his civil war.

My mother's calligraphy, on the other hand,
inclines like a speed ice-skater,
emerging from mine like those gestures
that in a child's face or hand make us
experience the youth of his grandparents.

My mother's calligraphy loves the celerity, efficacy
and lightning of the paw taking its prey by surprise;
in it lives not her tenderness but the tailored suit
and low-heel shoes of a young, epigrammatic girl
of the thirties.

(Translated by Pura López Colomé)

Huevos puestos por un tigre

> . . . *cosas maravillosamente originales*
> *como huevos puestos por tigres.*
> Dylan Thomas

Fascinación por lo que se ve y se oye desde la estatura, por las calles
    desde la banqueta.
Hipnosis por la huella solitaria en el cemento, por la ausencia de huellas
    en la playa,
por el hormiguero de zapatos en la boca del metro.
Tristeza de los zapatos huérfanos de pie, huellas del desgraciado,
más humanos ahora que son el abandono.
Horror de los zapatos dejados en la huida como falsas carnadas
para que se entretenga la muerte: adelantos de ataúd, malos presagios.
Patetismo de los zapatos abandonados en medio de la matanza,
de los que cayeron antes que el pie, más dolorosos que el grito.
Encandilamiento de los ojos al pie, de la memoria a ese zapato
caído entre los otros en la calle mojada.
Seducción de los pies del sueño, de los pies de la risa.
Deslumbramiento de los pies en el salto, hechizo de los pies en el árbol.
Encantamiento de los pies al cielo cuando ascienden en la horizontal
    del lecho.
Atracción por tus pies cuando desde ellos te contemplo:
enamoramiento de la lengua que camina.
Liberación de los dedos desnudos cuando dejan su prisión
y se retuercen como cachorros de pájaro en busca de alimento
y sus uñas son fósiles que vienen del Precámbrico.
Alegría de los pies al ser liberados de sus cajas de cuero
cuando salen como palomas del sombrero de un mago.
Transparencia de los pies en la playa, ecos de piel, sombras que borra
    el mar.
Alabados sean los pies, huevos puestos por un tigre.

Eggs Laid by a Tiger

> . . . *wonderfully original things*
> *like eggs laid by tigers.*
> Dylan Thomas

Fascination for what is seen and heard from on high, along streets
    from the pavement.
Hypnosis for the solitary footprint in the cement, for the absence of
    footprints on the beach,
for the anthill of shoes at the subway's entrance.
Sadness of shoes orphaned of feet, footprints of the unlucky,
more human now in their abandonment.
Horror of shoes left behind in a flight like bait
for death to amuse: sign of the coffin, ill omens.
Pathos of shoes abandoned in the midst of slaughter,
of those that fell before the foot, more painful than screaming.
Eyes dazzled by feet, by the memories of that shoe,
fallen among others on the wet street.
Seduction of the feet of dream, of the feet of laughter.
Dazzle of the leaping feet, magic spell of feet in the tree.
Enchantment of the feet to the sky when they ascend parallel to the
    bed.
Attraction for your feet when I gaze up at you from them—
love of the tongue that walks round.
Freedom of naked toes when they leave their prison
and they wriggle like fledglings in search of food
and their nails are fossils that come from the Precambrian epoch.
Joy of the feet on being freed from their leather boxes.
Crystal clearness of feet on the beach, echoes of skin, shadows that
    the sea erases.
Praise be to feet, eggs laid by a tiger.

(Translated by Luis Ingelmo and Michael Smith)

Domingo

Me siento como un dedo al que le faltara una mano.
El domingo es un híbrido, un animal con pies de sábado y cabeza de lunes,
tierra de nadie que respira aburrimiento, comidas familiares.
Es un juego de cartas donde no se arriesga, música con sordina, sobremesa.
El domingo es anacrónico, corre despacio por miedo al despeñadero,
al infarto del lunes, al infierno: en el domingo los audaces se juegan más
        que la semana.
El domingo es un día por decreto oficial, un falso día.
El domingo amanece tarde y anochece temprano, es un crepúsculo
        precoz, entre paredes, pesado.

Almohadas

"Me gusta oler las almohadas", me dices,
y las abrazas una después de otra.
Te gustan nuestros olores en las almohadas
 como te gustan los recuerdos, las sombras, las fechas, el calendario;
las fechas, reflejos de días desgastados por el tiempo
 como las puntas del calendario en el que marcas sangres y lunas;
 las sombras de mitos en cuentos infantiles; los momentos que viven
        más allá de su ocaso.

La respiración de cada quien late en las almohadas
con un ritmo distinto de olas y de remos;
nuestros sueños no se juntan, se cruzan sus recuerdos como estelas
        dejadas por dos barcos.

Algo de nosotros se queda en las almohadas,
algo de pátina invertida, de pared descascarillada, de paso fugaz por el
        azogue.
Te gusta buscar por las mañanas en las almohadas el paso de la noche.

Sunday

I feel like a finger that lacks a hand.
Sunday is a hybrid, an animal with Saturday feet and a Monday head,
a no-man's-land that exhales boredom, family meals.
It's a card game without risks, toned-down music, after-dinner chats.
Sunday is an anachronism, running slowly for fear of cliffs,
Monday's heart attack, hell: on Sunday the bold stake more than just
      the week.
Sunday is a day officially decreed, a phony day.
Sunday wakes up late and goes to bed early, it's a twilight premature,
      walled-up, sultry.

(Translated by Luis Ingelmo and Michael Smith)

Pillows

"I like to smell the pillows," you tell me,
and you embrace them one after another.
You like our smells on the pillows
as you like memories, shadows, dates, the calendar;
dates, reflections of days eroded by time
like the corners of the calendar on which you mark bloods and moons;
the shadows of myths of childhood stories; moments that live beyond
      their twilight.

Everyone's breathing beats on the pillows
with a distinct rhythm of waves and oars;
our dreams never meet, their memories cross each other like wakes left
      by two ships.

A part of us stays on the pillows,
something like an upside-down patina, like a peeling wall, like swift
      passage through mercury.
In the mornings you like to search the pillows for the passing of the night.

(Translated by Luis Ingelmo and Michael Smith)

Los tímidos

a Javier

A veces prefiero la llama de la hornilla en la estufa a un resplandor de fuego.
Los tímidos se ocultan en la niebla
pero quieren el sol solitario de una barca tranquila.
¿Dónde, en qué lugar, está su timidez más reposada?
¿En los jardines invernales o en los parques de abril?
¿Cuál es el mes de los tímidos? ¿Cuál es su hora?
Me atraen las costumbres de los tímidos,
su pisar cuidadoso, su introducirse con el cuello crispado,
su descanso a la sombra de las miradas del prójimo, su pulcritud, su
        nerviosismo.
El tiempo de los hombres no vence el rubor de los tímidos.
Tropiezan con delicadeza, porque sienten todo vivo, por exceso de
        escrúpulos.
Porque están enamorados del rigor son inseguros;
son los exploradores de perfil de los centímetros.
Ante las puertas pierden su escaso aplomo,
ellos son la conciencia de los umbrales y las fronteras.
Boquean su silencio como los peces en la superficie de un estanque el
        oxígeno
y su lengua es un anzuelo de incandescencia y pudor.
Permanecen en la infancia y en la adolescencia;
a su delicadeza no la mella la edad;
de ancianos pueden sonrojarse ante su propia muerte;
lo mismo que lo hacen, a pesar de sus canas,
ante la presencia de un extraño o de una mirada femenina.

The Shy

to Javier

Sometimes I prefer the flame on the stove's burner to the radiance of fire.
The shy hide in the mist
but they like the solitary sun of a tranquil boat.
Where, in what place is your shyness most at peace?
In winter gardens or in April parks?
Which month is the month of the shy? Which hour?
The habits of the shy engage me;
their careful tread, their introducing themselves with a stiff neck,
their rest hidden from the gaze of others, their tidiness, their
        nervousness.
The time of men does not overcome the blush of the shy.
They stumble with delicacy because they feel over-scrupulously
        everything is alive.
Because they are in love with strictness they are insecure;
they are explorers of meticulous centimetres.
Before doors they lose their rare comportment,
they are the conscience of thresholds and bounds.
They mouth silence like fish oxygen at the surface of a pond
and their tongue is a fish-hook of incandescence and shame.
They cling to childhood and adolescence;
age doesn't hurt their delicacy;
when old they may blush before their own death;
the way they do, despite their grey hairs,
before the presence of a stranger or a woman's gaze.

        (Translated by Luis Ingelmo and Michael Smith)

Jueves

El jueves amanece a la misma hora que todos los días y mucho más abierto.
Es tan generoso conmigo que me entra en la mano caluroso y preciso
      como una pelota de esponja.
Discreto, como esas cosas que por fuera son nada, a veces amanece nublado
como si el miércoles no lo anunciara con sus gritos agudos.
Es tan grave, sin duda, que sirve a la sorpresa caminando tranquilo por las
      noches del viernes.
Se come a gajos como una mandarina y por las tardes sabe como una
      manzana.
En todos los jueves está presente el jueves, aun hoy que es martes está
      presente el jueves.
Se puede caminar los jueves como Cristo en las aguas del lago Tiberiades
e ir sin pisar jamás ni lunes ni domingo derechito hasta el jueves.
Sus mañanas están pobladas de aceras, de calles, de periódicos,
hay gente que las vive miércoles y hay gente que las vive viernes,
yo las vivo jueves como un viaje intensísimo y largo o como un sueño
      que no quiere acabar.
Apenas son las doce y ya he conocido mujeres que me han llevado al
      entusiasmo,
la pelota ha golpeado la pared, me ha llenado de vejez un anciano.
Los jueves el tiempo se detiene, surgen la poesía y los amigos,
es un día de piernas fuertes y de mirada serena en donde por las noches
      transcurren muchas vidas.
Abandono el volante y me voy a volar, es jueves en el tiempo del mundo,
es jueves en este acantilado sobre esta playa tenue, es jueves hoy por la
      mañana, es jueves en los labios del jueves.
En el viaducto blancas paredes conducen al auto por la noche,
todo tiempo es jueves entre un puente y otro hacia la casa.
El árbol de los jueves es ancho como el tiempo de los jueves,
los pájaros cubren sus elevadas ramas y surcan el espacio:
el cielo de los jueves es un archipiélago de islas alargadas.
Trepar a las primeras ramas de ese árbol es mirar de cerca la distancia,
      montar en el asombro,
saber que si un jueves es un tigre, el otro puede ser volcán y parecerse.
De mañana, cuando el patio se abre suspendido en el juego,
cuando se entra por fin a la clase de historia,
cuando las tardes estimulan la fuga y se quedan atrás,

Thursday

Thursday dawns at the same hour as every other day and much more openly.
It's so generous to me that it enters my hand as warm and exact as a ball of sponge.
Discreetly, like things that look like nothing, on the outside, it dawns cloudy, sometimes,
as if Wednesday hadn't announced it with sharp cries.
It's so serious, undoubtedly, that it's a surprise, traveling calmly through Friday nights.
You eat it in slices like a tangerine and in the afternoon it tastes like an apple.
Thursday's present in every Thursday—even today, which is Tuesday, it's present.
You can walk on Thursday the way Jesus did on the water of Lake Tiberias
and without ever stepping on Monday or Sunday, straight to Thursday.
Thursday mornings are filled with sidewalks, streets, newspapers,
there are people who live them on Wednesdays and people who live them on Fridays,
I live them Thursdays like an incredibly long, intense journey or like a dream that doesn't want to end.
It's not even twelve and I've already met women who have made me feel great,
the ball has bounced off the wall, and old man has filled me with age.
On Thursdays time stops, poetry and friends appear,
it's a day of strong legs and serene glance when many lives go on by night.
I let go of the steering wheel and I'm going to fly, it's Thursday in the time of the world,
it's Thursday on this cliff over the narrow beach,
today it's Thursday this morning, it's Thursday on Thursday's lips.
Along the viaduct white walls guide the car through the night,
all time is Thursday between one bridge and another on the way home.
The tree of Thursday is broad, like time on Thursdays,
birds fill its high branches, and cleave the air:
Thursday sky is a far-flung archipelago of islands.
To climb the first branches of this tree is to look close up at distance, to get up on astonishment and ride it,
to know that if one Thursday is a tiger, another can be a volcano, and look like one.

olvidados en el aula, los apuntes de química, entre niños estudiosos y
	niñas aplicadas
se prepara a lo lejos el partido nocturno.
También los jueves la gente se suicida, pero no es la misma del lunes o
	del sábado,
los suicidas del jueves son suicidas serenos, irrevocables,
que se hunden en las aguas del jueves para siempre.

Submarino
> *para Eduardo Hurtado*

En el fondo del patio,
en el rincón profundo
donde nadie se asoma,
estoy otra vez con mi mejor amigo.
Lejos de la sordidez de premios y castigos,
nos sumergimos en la conversación
que inventa países silenciosos.
Entre tablas y escombros
hemos construido debajo del desorden
un submarino que todos desconocen.

In the morning, when the schoolyard opens, filled with games,
when you finally go to history class,
when the afternoons make you skip class, and the chemistry notes
forgotten in the classroom are left behind among the studious boys and
    diligent girls,
it's a rehearsal from afar of the departure you'll make someday by night.
Also on Thursdays, people kill themselves, but it's not the same as on
    Monday or Saturday,
Thursday suicides are serene, irrevocable suicides,
that sink forever into the waters of Thursday.

(Translated by Reginald Gibbons)

Submarine
    for Eduardo Hurtado

In the depths of the courtyard
in a hidden corner
where nobody thinks to look,
here I am again with my best friend.
Far from sordid prizes and punishments,
we submerge ourselves in conversation
inventing silent countries.
Out of planks and rubbish
underneath all the disorder we have constructed
a submarine unknown to everyone.

(Translated by John Oliver Simon)

Gloria Gervitz

Gloria Gervitz nació en la ciudad de México, en 1943. Estudió historia del arte en la Universidad Iberoamericana y filosofía con Ramón Xirau. Ha sido varias veces becaria del Fondo Nacional para la Cultura y las Artes. Tradujo a Lorine Niedecker. Ha escrito los libros de poesía: *Shajarit* (1979); *Fragmento de ventana* (1986); *Del libro de Yiskor* (1987), *Pythia* (1993); *Migraciones* (1996), *Septiembre* (2003). Traducción inglesa: *Migrations* (Shearsman Books, Exeter, y Junction Press, Nueva York, 2004).

I Shajarit

ἡ μνήμη ὅπου χαὶ νὰ τὴν ἀγγίξειζ πονεῖ
... la memoria, donde se la toque, duele.
—G. Seferis

En las migraciones de los claveles rojos donde revientan cantos de aves
    picudas
y se pudren las manzanas antes del desastre
Ahí donde las mujeres se palpan los senos y se tocan el sexo
en el sudor de los polvos de arroz y de la hora del té
Flujo de enredaderas a través de lo que siempre es lo mismo
Ciudades atravesadas por el pensamiento
Miércoles de ceniza. La vieja nana nos mira desde un haz de luz
Respiran estanques de sombras, llueve morados casi rojos
El calor abre sus fauces
Abajo, la luna se hunde en la calle
y una voz de negra, de negra triste, canta. Y crece
Incienso de gladiolos, barcas
Y tus dedos como moluscos tibios se pierden adentro de mí
Estamos en la fragilidad de la corteza del otoño
En el parque rectangular
en la canícula, cuando los colores claros son los más conmovedores
Después de Shajarit
olvidadas plegarias, ásperas
Nacen vientos levemente aclarados por la oración, bosques de pirules
Y mi abuela tocaba siempre la misma sonata

Gloria Gervitz

Gloria Gervitz was born in Mexico City in 1943. She studied art history at the Ibero-American University and philosophy with Ramón Xirau. She has received several grants from the National Fund for Culture and the Arts. She has translated the work of Lorine Niedecker, and her poetry collections include: *Shajarit* (1979); *Fragmento de ventana* (1986); *Del libro de Yiskor* (1987), *Migraciones* (1991), *Pythia* (1993); and *Migraciones* (1996), *Septiembre* (2003). In English translation: *Migrations* (Shearsman Books, Exeter, and Junction Press, New York, 2004).

(Translated by Mark Schafer)

I Shaharit
ἡ μνήμη ὅπου χαὶ νὰ τὴν ἀγγίξειζ πονεῖ
... *memory hurts wherever you touch it.*
—G. Seferis

In the migrations of red marigolds where songs burst from long-
    beaked birds
and apples rot before the disaster
Where women fondle their breasts and touch themselves
in the perspiration of rice powder and teatime
Climbing vines course through what remains always the same
Cities crisscrossed by thought
Ash Wednesday. Old nanny watches us from a beam of light
Pools of shadow breathe, purples rain down nearly red
The heat opens its jaws
Below, the moon sinks into the street
and a black woman's voice, a sad black woman's voice begins to sing
The incense of gladioli and ferry boats grow
And your fingers, lukewarm mollusks, slip inside me
We are in the fragile hide of autumn
In the rectangular park
in the dog days when the pale shades are most deeply moving
After Shaharit
raw, forgotten prayers
Winds rise lightly rinsed by invocation, forests of alders
And my grandmother always played the same sonata

Una niña toma una nieve en la esquina de una calle soleada
Un hombre lee un periódico mientras espera el camión
Se fractura la luz
Y la ropa está tendida al sol. Impenetrable la sonata de la abuela
Tú dijiste que era el verano. Oh música
Y la invasión de las albas y la invasión de los verdes
Abajo, gritos de niños que juegan, vendedores de nueces
respiración de rosas amarillas. Y mi abuela me dijo a la salida del cine
sueña que es hermoso el sueño de la vida, muchacha

Bajo el sauce inmerso en el verano sólo la impaciencia se demora
Dóciles nubes descienden hacia el silencio
El día se disipa en el aire caliente
Estalla el verde dentro del verde
Bajo el grifo de la bañera abro las piernas
El chorro del agua cae
El agua me penetra
Es la hora en que se abren las palabras del Zohar
Quedan las preguntas de siempre
Me hundo más y más
La luz late desordenadamente
En el vértigo de Kol Nidrei antes de comenzar el gran ayuno
En los vapores azules de las sinagogas
Después y antes de Rosh Hashaná
En el color blanco de la lluvia en la Plaza del Carmen
mi abuela reza el rosario de las cinco
y al fondo precipitándose
el eco del Shofar abre el año
En la vertiente de las ausencias al noreste
En el estupor desembocan las palabras, la saliva, los insomnios
y más hacia el este me masturbo pensando en ti
Los chillidos de las gaviotas. El amanecer. La espuma en el azoro del ala
El color y el tiempo de las buganvilias son para ti. El polen quedó en
    mis dedos
Apriétame. Madura la lluvia, tu olor
de violetas ácidas y afiebradas por el polvo
las palabras que no son más que una oración larga
una forma de locura después de la locura
Las jaulas donde se encierran los perfumes, las alegrías interminables

A girl eats ice cream on a sunny corner of the street
A man reads a paper while he waits for the bus
The light fractures
And clothing hangs in the sun. My grandmother's impenetrable sonata
You said it was summer. O music
And the invasion of dawns and the invasion of greens
Below, shouts of children at play, nut vendors
yellow roses breathing. And as we left the movies my grandmother
      said to me
child, dream that the dream of life is beautiful

Beneath the summer-drenched willow only restlessness lingers
Docile clouds descend into the silence
The day evaporates in the hot air
Green erupts within green
I spread my legs beneath the bathtub faucet
The gushing water falls
Enters me
This is the hour when the words of the Zohar are spread out
Still the same questions as always
I sink deeper and deeper
The light throbs wildly
In the vertigo of Kol Nidre before the great fast begins
In the blue haze of the synagogues
Before and after Rosh Hashanah
In the whiteness of the rain in the Plaza del Carmen
my grandmother says her five o'clock rosary
And swooping in the background
the shofar's echo opens the year
Words, saliva, insomnia pour
into the northeast edge of absence, into the stupor
and farther to the east I masturbate thinking of you
Screech of sea gulls. Dawn. The froth in the dazzle of the wing
The color and season of bougainvilleas are for you. The pollen stuck
      to my fingers
Hold me tight. The ripening rain, your scent
of sour violets feverish with dust
words that are nothing but an extended prayer
a kind of madness after the madness

la voluptuosidad de nacer una vez y otra, éxtasis inmóvil
Muévete más. Más
Pido mucho. Eres más bella, más aterradora que la noche
Me dueles
Fotografías casi despintadas por la fermentación del silencio
Corredores abiertos
Tu respiración aplasta el verano
Y la fiebre enrojeció otros cielos, las terrazas lustradas
se oscurecieron con las acacias
Y en la cocina los platos recién lavados, las frutas secas, los almíbares
En la crecida de los ríos
En la noche de los sauces
En los lavaderos del sueño desde donde se desprende ese vaho
de entrañas femeninas inconfundible y anchuroso
te dejo mi muerte íntegra, intacta
Toda mi muerte para ti

¿A quién se habla antes de morir? ¿dónde estás?
¿En qué parte de mí puedo inventarte?
Ciudades de hilo, carreteras que llevan siempre al principio
Milagros amontonados en la cal de la iglesia de Santa Clara en Guanajuato
Flores de tinta en un hebreo luido saliéndose de los rollos de la Toráh
Nada se mueve
Se me están perdiendo los días, van resbalando despacio
los va apretando la migraña
No me encuentro. Ni siquiera tengo cirios para velar mi muerte
ni siquiera sé las palabras del Kadish
Ya no tengo brújula. Estoy abrazada al aire
¿Dónde se rompen los latidos? ¿con qué se desprende este último
      pedazo de sueño?
Y la casa amarrada a un árbol, amarrada al viento
Las hojas y su sombra de ópalo
Espiral de ecos
Reverberación
Somos lo que pensamos
Pensamiento atrás del pensamiento
Regresan las grullas
abren con sus alas el silencio
instantáneas flores blancas en un cielo vacío

The cages enclosing the perfumes, the limitless delights
the voluptuousness of being born again and again, fixed ecstasy
Move. More, more
I ask for a lot. You are more beautiful, more terrifying than the night
You ache in me
Photographs nearly faded in the fermentation of silence
Unscreened porches
Your breath crushes summer
And fever flushed other skies, the gleaming verandas
grew dark with the acacias
And in the kitchen the just-washed dishes, the dried fruits, the syrups
In the swelling of rivers
In the night of willows
In the washbasins of dreams from which the fumes
of female viscera rise, unmistakable and expansive
I leave you my death, entire, intact
My death for you alone

To whom does one speak before dying? Where are you?
Where within me can I invent you?
Cities of thread, highways that always lead to the beginning
Milagros crowding the lime of the church of Santa Clara in Guanajuato
Ink flowers in spent Hebrew dripping from the scrolls of the Torah
Nothing moves
The days are slipping away from me, skid slowly
gripped by migraine
I can't find myself. I don't even have candles for my wake
I don't even know the words of the Kaddish
I no longer have a compass. I clutch the air
Where does the beating break? How can I cast off this last shred of sleep?
And the house lashed to a tree, lashed to the wind
The leaves and their opal shadow
A spiral of echoes
Reverberation
We are what we think
One thought after another
The cranes return
open silence with their wings
sudden white flowers in an empty sky

En las ciudades al mediodía
cuando el calor rodea la respiración ámbar de las montañas
siempre hacia el sur, allí donde no pasa nada
Prefiero seguir aferrada a lo que invento y no entender lo que sí existe
mejor soñar que estoy muerta y no morirme de los tantos sueños que
        me inventan
Tú y yo nos miramos
No miro más que unos ojos como todos los demás
Me vuelvo a dormir. Ya no sueño. La luz empuja los árboles
y el grito de los árboles en el filo del día ensordece
La tarde sólo dice lo mismo, no abre esa pausa entre lo real
único espacio habitable, geometría momentánea
En el frescor de anís, insomnio lento y cerrado
Un sol de abejas rompe las olas, espesa el día
Llueve mientras mi abuela reza el rosario
Llueve mientras mi hermano dice Kadish por mí
Cada día estoy más lejos y no sé que hacer. No puedo salir de mí misma
y sólo en mí conozco y siento a los demás
invención que comienza cada mañana con el monótono aprendizaje de
        despertar
y volver a ser yo, una de las tantas que me habitan
¿Y si despierto para siempre?
Se disuelve la mañana. Lapsos de silencio caliente, espacios afilados
estructuras instantáneas, rectángulos
Puedo ver fragmentos, casi los aromas
Cada nivel tiene su propia irrigación sanguínea

Mi nana está conmigo mientras guardo mis cosas para irme
palomas alrededor del cuarto, aleteos. Abro la ventana
Pequeñísimas fisuras duelen, atrofian, inflaman la tarde, no siento lo
        que soy
soy lo que fui y lo que estoy queriendo ser
En el vuelo de las ercilias de centro abierto a la penetración
en el contorno apenas
las amigas se acarician
Porque siempre es la primera vez, porque hemos nacido muchas veces
y siempre regresamos
Crisantemos azules de Mondrian antes de su encuentro con el blanco

At midday in the cities
when heat surrounds the mountains' amber breath
always to the south, where nothing ever happens
I prefer to cling to what I invent and not to know what actually exists
Better to dream that I am dead than to die of the many dreams that
        invent me
We look at each other
The eyes I see could belong to anyone
I fall asleep again, no longer dreaming. Light presses against the trees
and on the edge of the day the cry of the trees is deafening
Afternoon merely repeats, it doesn't open that pause in reality
the only inhabitable space, fleeting geometry
Slow, shuttered insomnia in the freshness of anise
A sun of bees breaks the waves, thickens the day
It rains as my grandmother says her rosary
It rains as my brother says Kaddish for me
Every day I am farther away and don't know what to do. I can't escape
        myself
yet only in myself do I know and feel others
an invention that begins every morning as I tediously learn how to
        wake up
and become myself, one of many women who inhabit me
And if I were to wake once and for all?
The morning dissolves. Intervals of hot silence, sharpened spaces
momentary structures, rectangles
I can see fragments, can almost see smells
Blood irrigates every level individually

My nanny attends to me as I pack my things to go
Flapping wings, the room full of doves. I open the window
The tiniest fissures ache, atrophy, inflame the afternoon, I don't feel
        what I am
I am what I was and what I now wish to be
In the flight of calendulas, centers open to penetration
barely on the perimeter
girlfriends caress themselves
Because it is always the first time, because we have been born many times
and always return
Mondrian's blue chrysanthemums before his encounter with white

En junio, olas
Los pájaros están fijos, detenidos en su vuelo. Yo duermo mucho
despierto y ya casi es de noche, entro a un cine, está nevando en
        Nueva York
entro a otro cine, el presente es sólo una circunstancia
alguien me mira desde la superficie, las líneas se dispersan, parten ruidos
los inscriben en una lluvia alargada y desnuda apenas fría
Desciendo. Son casi las ocho de la mañana. Clarea. Es enero
Transcurrimos dentro de nosotros, cuelga una lámpara de leche
Estoy viviendo superposiciones de instantes en una perspectiva plana
Me extiendo sobre tardes que no existen más que para mí
Afuera de las ventanas queda el tiempo de hoy
Siento una libertad que abre los muros y perfora la imaginación
Este día no lo conozco, pero estoy agarrada de mis otros días
Podría vivir aquí siempre
Pero todo se acaba, hasta la costumbre
pequeños momentos saturados que se distienden
se alcanzan en la disolución
Mientras siga aquí encerrada en este cuarto, en esta ciudad
Mientras siga lloviendo y el ruido de la lluvia atraviese las paredes que
        me contienen
Mientras todavía pueda sentir que siento
y el hambre me haga ponerme un abrigo y una bufanda sobre el camisón
y salir a la calle
Pero, por qué creer todo esto
Al otro lado del mar a través de los encajes florean todo el año geranios
Y los grandes baúles pesados de aromas resinosos y cálidos
se derraman en habitaciones desconocidas
Y los ungüentos, los jabones de avena y de leche de cabra
los polvos de trigo, las pastas de dientes con sabor a chicle
y aquellos enjuagues para desenredar el cabello en días largos
Persianas requemadas del sol verde de Cuernavaca
una niña púber se mira el sexo en el ardor del mediodía
espeso de insectos y lagartijas
La mayor parte del tiempo duermo. No estoy segura si dormir es estar
        despierta
Me sorprendo después del mediodía, las manos me estorban, no sé
        dónde ponerlas

Waves in June
The birds are still, frozen in flight. I sleep a lot
wake and find it's nearly night, enter a movie theater, it's snowing in
      New York
enter another movie theater, the present is merely circumstantial
someone watches me from the surface, lines disperse, noises depart
are inscribed in a drawn-out naked rain, almost chilly
I descend. It's almost eight in the morning. Daylight. January.
We elapse within ourselves. A milky lamp dangles
I am experiencing the superposition of moments flattened on a plane
I stretch across afternoons that exist for me alone
Outside the windows it's still today
I feel a freedom that splits the walls and pierces the imagination
I don't recognize this day but I cling to my other days
I could live here forever
But everything ends, even habit
small saturated moments swell
and touch, dissolving
As long as I remain shut in this room, in this city
As long as the rain continues and the din of the rain passes through the
      walls that hold me
As long as I still feel myself feeling
and hunger makes me throw a coat and scarf over my nightgown and
      go out into the street
But why believe all this
Across the sea behind lace curtains geraniums bloom all year long
And large trunks laden with warm, resinous odors
overflow in unfamiliar bedrooms
And ointments, oat and goat milk soaps
wheat face powder, toothpaste that tastes like chewing gum
And those rinses for untangling hair on endless days
Venetian blinds scorched by the green sun of Cuernavaca
in the midday heat thick with insects and lizards
a pubescent girl gazes at her vulva
Most of the time I sleep. It may be that when I'm asleep I'm awake
Past noon I startle myself, my hands are in the way, I don't know where
      to put them

Francisco Hernández

Francisco Hernández nació en San Andrés Tuxtla, Veracruz, en l946. En 1993 recibió la beca del Sistema Nacional de Creadores. Ha escrito los libros de poesía: *Poesia Reunida (1974–1994)* (1996), *Antojo de trampa* (antología personal, 1999), *Soledad al cubo* (2001), *Imán para fantasmas*, *El corazón y su avispero* y *Palabras más, palabras menos* (2004), *Diario sin fechas de Charles B. Waite* (2005), *La isla de las breves ausencias* (2009). Recibió los premios Nacional de Poesía de Aguascalientes (1982), Carlos Pellicer (1993), Xavier Villaurrutia (1994), Jaime Sabines (2005), Ramón López Velarde (2008) y el Premio Mazatlán de Literatura.

Zoo

Grrrrrrrrrrrrrr...
Tú eres una mona desnuda
cuando no estás vestida.
Eres la más inteligente de las monas.
Tu terso pelaje fraccionado
es de color oscuro y habitualmente
y contra la costumbre, te desplazas
sobre dos de tus delgadas patas.
Guffjj ... grr
Para comer frutas y raíces utilizas
tus manitas negras y cuando recibes demasiadas
visitas te vuelves arisca, grrruñes,
haces señas obscenas y la movilidad
de tu expresión es menos comunicativa.
Eres una hembra joven, codiciada por todos.
Pronto tendrás tu primera cría y serás
la grandiosa atracción de los domingos
de algodón de azúcar y sol brillante.
Yo soy un gorila albino
que se ha enamorado de la inmensa
libertad de tus ojos que evocan
selvas cálidas y húmedas.

Francisco Hernández

Francisco Hernández was born in San Andrés Tuxtla, Veracruz, in 1946. In 1993 he received a fellowship from Mexico's National System of Artists. He has published many collections of his poetry, including *Poesia Reunida (1974–1994)* (1996), *Antojo de trampa* (selected poems, 1999), *Soledad al cubo* (2001), *Imán para fantasmas*, *El corazón y su avispero* and *Palabras más, palabras menos* (2004), *Diario sin fechas de Charles B. Waite* (2005), *La isla de las breves ausencias* (2009). Among his many literary awards are the Aguascalientes National Poetry Prize (1982), the Xavier Villaurrutia Prize (1994), the Jaime Sabines Prize (2005) and the Mazatlán Literature Prize (2010).

Translations by Luis Ingelmo & Michael Smith

Zoo

Rrrroooooaaarrr ...
You are a naked she-monkey
when not dressed.
You are the most clever of all she-monkeys.
Your smooth fur, to be purchased by instalments,
is of a dark colour and usually
and, contrary to all custom, you move around
on two of your slender legs.
Rrrr ... roarrr ...
To eat fruit and roots you use
your small black hands, but when you receive too many
visits you get surly, grumble,
make obscene gestures, and the mobility
of your facial expression is less frank.
You are a beautiful female, everyone lusts after you.
You will soon breed your first young and become
the greatest attraction on Sundays
of candyfloss and bright sunlight.
I am an albino gorilla
in love with your immensely
free eyes, which evoke
warm, wet jungles.

Instantáneas

considera:
esto no es una orden pero un grano de azúcar
se disuelve en tu lengua

★

la oscuridad es amarilla por dentro

★

el viento trae un cuchillo en la cintura

★

la lluvia escupe

★

tus senos diminutos nunca empiezan

★

la flor que veo desaparece cuando la pienso

★

sacio mi sed en balde

★

tu cuerpo una mano vacía

Snapshots

consider:
this is not a command but a grain of sugar
is dissolving on your tongue

★

darkness is yellow inside

★

the wind brings a knife in its waist

★

it's spitting rain

★

your tiny breasts never emerge

★

the flower I see vanishes when I think about it

★

I quench my thirst in vain

★

your body an empty hand

Pino seco

pino seco
en medio de lo verde:
llamarada

No hay un pájaro

no hay pájaro
el árbol canta

Mar del fondo VII

A medianoche, cuando el viento sopla a ciento veinte nudos, subo a mi puesto de vigía y te descubro: estás en el centro del jardín, junto a una fuente en ruinas donde tu sombra dispersa a las hormigas.
Tienes la edad en flor de los suicidas, el triste oficio de la canción de cuna y un sombrero azul que entre tus manos transparentes parece un caracol guardado por dos lágrimas.
Sobre tu hombro izquierdo danzan unicornios. Sobre tu hombro derecho flota la mariposa que buscan los sonámbulos.
En tus labios no ha nacido mi nombre, el dolor no existe y en las ruinas de la fuente pierde su canto un pájaro sin alas.

Dry pine tree

dry pine tree
amid the green:
a flare-up

There isn't a bird

there's no bird
the tree sings

Swell VII

At midnight, when the wind blows at a hundred and twenty knots, I climb onto my watchtower and find you: you are in the middle of the garden, next to a ruined fountain where your shadow scatters the ants. You are the age of blooming suicides, the sad trade of the lullaby and a blue hat that in your transparent hands looks like a snail guarded by two tears.
Unicorns dance on your left shoulder. On your right shoulder floats the butterfly sleepwalkers seek.
My name wasn't born from your lips, pain doesn't exist and in the ruins of the fountain a wingless bird loses its song.

De cómo Robert Schumann fue vencido por los demonios

I

Hoy converso contigo, Robert Schumann,
te cuento de tu sombra en la pared rugosa
y hago que mis hijos te oigan en sus sueños
como quien escucha pasar un trineo
tirado por caballos enfermos.
Estoy harto de todo, Robert Schumann,
de esta urbe pesarosa de torrentes plomizos,
de este bello país de pordioseros y ladrones
donde el amor es mierda de perros policías
y la piedad un tiro en parietal de niño.
Pero tu música, que se desprende
de los socavones de la demencia,
impulsa por mis venas sus alcoholes benéficos
y lleva hasta mis ligamentos y mis huesos
la quietud de los puertos cuando el ciclón se acerca,
la faz del otro que en mí se desespera
y el poderoso canto de un guerrero vencido.

II

Un piano cubierto de mariposas blancas.
Un río que arrastra novecientos violines.
Un *cello* aplastado por máquinas de guerra.
Unos dedos deformes que acarician un libro.
(Así te sueño, así te sufro en el insomnio
aterido por estruendos lejanos.)

III

Cuando naciste surgió en el bosque
una inquietud extraña.
Criaturas belcebúes vertieron en un claro
el azogue de Los Gemelos

On how Robert Schumann was defeated by demons

I

I am speaking to you today, Robert Schumann,
I am telling you about your shadow on the rugged wall
and make my children listen to you in their dreams
like someone who hears a sleigh
drawn by sick horses passing by.
I'm sick of it all, Robert Schumann,
of this painful city of leaden streams,
of this lovely country of beggars and thieves,
where love is shit from police dogs
and mercy a gunshot into a child's parietal bone.
But you music, which emerges
from the hollows of lunacy,
drives its beneficial alcohol through my veins
and brings to my ligaments and my bones
the stillness of harbours when hurricanes approach,
the other's aspect who despairs in me
and the powerful song of a vanquished warrior.

II

A piano covered with white butterflies.
A river sweeping nine hundred violins along.
A cello crushed by war machines.
Some deformed fingers stroking a book.
(So I dream of you, so I suffer you in my insomnia
petrified by distant roars.)

III

When you were born there arose in the woods
a strange concern.
Devilish creatures poured into a clearing
the Twins' quicksilver

y una quemazón de unicornios
cimbró con su galope
el vértigo de la penumbra en disonancia.
—Este niño tiene que ser un santo a su manera,
dijo tu padre al contemplar tus manos.
—Será mi luz intensa, dijo tu madre
con los ojos vendados.
La mesa tuvo espigas
y relucieron lágrimas en las paredes.
Doblaron las campanas de la capilla
sin que nadie —ni el viento— las tocara.
Búhos destronados por cornejas
instrumentaron tu canción de cuna
y la noche te tomó en sus brazos
como a un relámpago recién nacido.

IV

No existen los dedos del pianista.
Una lluvia ligera moja el teclado.

V

Te persiguen abejas por el campo.
Corres, saltas, vibras, te lanzas al río y,
bajo el agua, escuchas por primera vez
la música de tu alma.

VI

Para que salga el sol, música de Schumann.
Para destejer un tapiz, música de Schumann.
Para besar a mi mujer, música de Schumann.
Para morder una manzana, música de Schumann.
Para quemar una bandera, música de Schumann.
Para volver a la infancia, música de Schumann.

and burning unicorns
swished with their galloping
the vertigo of discordant half-light.
"This child must be a saint of sorts,"
your father claimed on looking at his hands.
"He will be my bright light," your mother said
blindfolded.
Wheat-ears bloomed from the table
and tears gleamed on the walls.
The chapel bells tolled
rung by no one—not even the wind.
Owls dethroned by crows
scored your lullaby
and night took you in its arms
like a newborn flash of lightning.

IV

There are no pianist's fingers.
Soft rain wets the keyboard.

V

Bees chase you across the countryside.
You run, jump, shake, throw yourself into the river and,
under the water, for the first time you listen to
the music of your soul.

VI

To make the sun come out, Schumann's music.
To undo a tapestry, Schumann's music.
To kiss my wife, Schumann's music.
To bite an apple, Schumann's music.
To burn a flag, Schumann's music.
To go back to childhood, Schumann's music.

Para que baile Mozart, música de Schumann.
Para clavar una daga, música de Schumann.

VII

En la primavera conociste a la niña Clara.
Ella jugaba dentro de una jaula
con los címbalos y el armonio
que la escoltaban desde su nacimiento.
De los címbalos partía la ráfaga
que corta los glaciares.
Del armonio brotaba El Intervalo del Diablo,
que al transformarse en burbuja
iba de las guirnaldas de yeso
a los enigmas de raso
y de las margaritas enrojecidas
al temblor de tus años.
Desde ese instante se azufraron las fuentes
y tu risa tuvo la forma
de los labios de la niña Clara,
del corazón maduro de la niña Clara,
de la gracia enjaulada de la niña Clara.

VIII

El arroz en la cocina huele a estancias lejanas
y mis hijos inventan en su cuarto mundos mejores.
Yo me siento colgado de una lámpara y observo:
un lago sin peces revienta en el centro de la sala.
Los helechos confirman nostalgias de Borneo
y tienden sus ventosas hacia las olas del sonido.
La orquesta hunde sus brazos en los cantos dorados,
Casals es un lento camino de ceniza.
En la ventana hay nubes que bajan para oírte.
En el balcón una paloma empolla su versión del silencio.
Es marzo afuera. El domingo moja sus dedos en la fuente,
el surtidor dibuja el movimiento impar de la frescura
y el viento agita el árbol de tu música.

To make Mozart dance, Schumann's music.
To plunge a dagger, Schumann's music.

VII

In spring you met Miss Clara.
She played inside a cage
with the cymbals and the harmonium
which had escorted her from when she was born.
From the cymbals emerged the gust
that slices glaciers.
From the harmonium flew the Devil's Interval,
which, becoming a bubble,
went from the plaster garlands
to the satin enigmas
and from the reddened daisies
to your trembling years.
From that moment springs turned to sulphur
and your smile took the shape
of Miss Clara's lips,
of Miss Clara's mature heart,
of Miss Clara's encaged grace.

VIII

The rice in the kitchen smells like remote rooms
and my children imagine better worlds in their bedroom.
I sit hanging from a lamp and watch:
a fishless lake bursts in the middle of the living room.
The ferns bear out a Bornean homesickness
and extend their suckers to sound-waves.
The orchestra bury their arms into golden songs,
Casals is a slow road of ash.
There are clouds on the window coming down to hear you.
A pigeon incubates its version of silence on the balcony.
It's March out there. Sunday dips its fingers in the fountain,
the spout outlines the unequalled movement of freshness
and the wind shakes the tree of your music.

IX

—Para escribir una canción que empiece en anacrusa,
es necesario portar un traje de terciopelo negro
y nadar en el Rin a la luz de la luna, decías,
mientras tu silueta de larga cabellera silbaba el
rondó de un músico polaco.
Entonces tu rostro revelaba el surco de las arrugas
y se confundía con el humo de tu pipa
y la espuma de tu cerveza.
Una caravana de recuerdos extensos te rodeaba con
la firmeza de las madres que abrazan a sus hijos hasta asfixiarlos.
Por tu mente cruzaban las golondrinas de Zwickau
y en ese torbellino de imágenes celestes
mordisqueabas los dedos de la niña Clara
y su fiel transparencia de racimo.
Súbitamente detenías el curso de tu sangre.
Arrojabas la cerveza a la cara de Dios, apagabas tu
pipa en la nariz del Diablo y gritabas, como un rey
criminal entumecido:
—¿Por qué tenía que estar yo en el centro de la tormenta?

IX

"To write a song starting in anacrusis
one needs to wear a black velvet suit
and swim in the Rhine by moonlight," you said,
while your long-haired silhouette whistled a
Polish musician's rondo.
The your face revealed the line of wrinkles
and blended with the smoke from your pipe
and the head on your beer.
A caravan of vast memories surrounded you with
the strength of mothers who hug their children to suffocation.
Zwickau's swallows crossed your mind
and in this whirl of heavenly images
you nibbled at Miss Clara's fingers
and their bunched, faithful transparency.
Suddenly you halted your blood's course.
You threw your beer at the face of God, put out your
pipe on the Devil's nose and shouted, like a numb
criminal king,
"Why me, right there in the eye of the storm?"

Elva Macías

Elva Macías nació en Tuxtla Gutiérrez, Chiapas, en 1944. Estudió en la Universidad Estatal Lomonósov de Moscú la licenciatura en Lengua y Literatura Rusa. Fue becaria del Centro Mexicano de escritores en 1971. Entre sus libros se encuentran: *El paso que viene* (1970), *Círculo del sueño* (1975), *Imagen y semejanza* (1982), *Pasos contados* (1985), *Lejos de la memoria* (1989), *Elva Macías, material de lectura* (1992), *Adivina, adivinanza* (1992), *Ciudad contra el cielo* (1993), *El porvenir echa raíces* (antología personal 1993), *La ronda de la luna* (1994), *Tiempo de adivinar* (1999), *Mirador*, que reúne textos publicados de 1976 a 1993 (2001), y *Imperio móvil* (2007) entre otros. Recibió el Premio Nacional Carlos Pellicer (1994), el Premio Chiapas de Literatura Rosario Castellanos (1989) y la presea Ramón López Velarde de la Universidad Autónoma de Zacatecas.

Un leve rechinar de puerta

Un leve rechinar de puerta
como quejido de animal.
¿Será el viento que la mueve?
¿O los grillos que alzan sus sordinas?
Salta, tiembla la duda.
¿No eres acaso tú el que me busca,
se avergüenza, se arrepiente
y vuelve a su lecho de impúber?

Disimulas tus temores en las noches.
En cambio a la luz del sol, en los jardines,
pides la suavidad de mis senos.

La memoria te inscribe en la leyenda

La memoria te inscribe en la leyenda.
Y por esa dicha de haberte cuidado
como el hijo varón que nunca tuve,
después de tu traición te consuelo y resguardo.

Elva Macías

Elva Macías was born in Tuxtla Gutiérrez, Chiapas, in 1944. She received her B.A. in Russian Language and Literature from Moscow Lomonosov State University. She was a fellow at the Mexican Writers' Center in 1971. Her books include: *El paso que viene* (1970), *Círculo del sueño* (1975), *Imagen y semejanza* (1982), *Pasos contados* (1985), *Lejos de la memoria* (1989*), Elva Macías, material de lectura* (1992), *Adivina, adivinanza* (1992), *Ciudad contra el cielo* (1993), *El porvenir echa raíces* (Selected Poems, 1993), *La ronda de la luna* (1994), *Tiempo de adivinar* (1999), *Mirador.* collected poems 1976–1993 (2001), and *Imperio móvil* (2007). She has received the National Carlos Pellicer Award (1994), the Rosario Castellanos Prize of Chiapas (1989), and the Ramón López Velarde Prize from the Autonomous University of Zacatecas.

(Translations by Erin Knight)

A Slight Squeak of the Door

A slight squeak of the door
like an animal's yelp.
Would that be the wind that moves it?
The crickets lifting their dampers?
Doubt flinches; trembles.
It wouldn't by chance be you who seeks me?
Ashamed, repentant
and returned to a bed before puberty?

You dissemble your fears at night.
Instead of the sun's light, in the gardens,
you ask for the sweetness of my breasts.

Memory Writes You into Legend

Memory writes you into legend.
And for that good fortune of having raised you
like the son I never had,
after you betrayed me I console and defend you.

Niño deseado por todos,
como hechizado inicias la marcha
y a tu galope, no emboscadas, no ejércitos,
ni fieras salvajes se enfrentan.
Sólo encrucijadas:
El peine que tu amada tiró
se vuelve un zarzal inextricable,
espinas que partirán tus brazos.
El espejo en que tu madre contempló su desencanto,
será un lago de agitadas aguas que cruzará tu barca.
La espada que abandonó tu padre
abrió al caer de tajo un precipicio
que librarán tus pasos.

Desde la almena donde hilo la red
en el insomnio,
te prevengo de las trampas de tu destino.

No sé los nombres

No sé los nombres de los hijos que parí.
En mi memoria
sólo el vértigo de arrullarte.
Sol en mis pechos.

Guardas aún mis prendas exquisitas
en colgadores de blancas astas
—ciervos de tu primera cacería—.

De otras vidas sólo recuerdo
que mi arado tropezó con una piedra ritual
que estremecida veneré.

Y cambiaron mis humildes faenas
por la tarea de ser tu ama de cría.

Child desired by us all,
as if bewitched you start your own path
and at your speed neither ambush nor army
nor wild beast confronts you.
Only crossroads:
The comb your lover threw
becomes a tangle of brambles,
thorns that will open your arms.
The mirror in which your mother considered her disenchantment
is a lake of troubled water against your boat.
The sword your father gave up
opened a precipice when it fell.
So your footsteps will be your own.

From the tower where I spin the net
of my insomnia,
I prepare you against the traps you're destined for.

I Don't Know the Names

I don't know the names of the children I gave birth to.
In my memory
only the vertigo of lulling you to sleep.
Sun on my breasts.

You still keep exquisite threads of my clothing
draped over white antlers
trophy of your first hunt.

Of my other lives I remember only
that my plough once struck the ritual stone
that I worshiped, trembling.

And my humble labours were traded
so I became the woman to nurse you.

Comí los frutos elegidos

Comí los frutos elegidos por el viento
sopesé la pulpa enjuta entre mis manos
ásperas también.
Cerré mi puño ante la avaricia.
Cerré mis ojos ante el esplendor.

Infusión de brasas

Infusión de brasas
para el temple de los asustados.

Humo de boñigas
para ahuyentar de las heridas los insectos.

Hierbas aromáticas
en los pliegues de las mortajas.

Inician los dioses el recuento del día.

He de hallar agua

He de hallar agua
vena oculta en la estepa.
Frutos dulces o amargos
raíces como panes cocidos en la tierra
tallos jugosos y firmes
como los sexos de los hombres en tus hordas.

I Ate What Fruits the Wind Chose

I ate what fruits the wind chose
weighed the juiceless pulp in my hands
also dry.
I closed my fist before greed.
Closed my eyes before splendor.

Infusions of Embers

Infusions of embers
to calm the tormented.

Smoke of manure
to chase the insects from the wounds.

Aromatic herbs
in the folds of the shrouds.

The gods begin the retelling of the day.

I Will Find Water

I shall find water
a vein hidden in the steppe.
Sweet or bitter fruits
roots like bread baked in the earth
succulent and firm sprouts
like the sex of the men in your hordes.

Montañas separadas

Montañas separadas como jibas
custodian al río Perfumado.

La ciudad es un sello
al pie del paisaje.

Un coro de ciegos en el embarcadero:
al cauce dan sus bocas.

De las cuevas de imágenes sagradas
emanan los fieles.

Así fluye el canto de los mendigos.

Mountains Apart

Mountains apart like camel humps
are care-takers of the Scented river.

The city is a seal
at the foot of the landscape.

A chorus of blind men on the dock:
their mouths the voice of the river bed.

From the caves of sacred images
the faithful emerge.

So flows the song of the mendicants.

Víctor Manuel Mendiola

Víctor Manuel Mendiola nació en la ciudad de México en 1954. Fue becario del Centro Mexicano de Escritores y escritor residente en el Centro de Artes Banff. Es becario del Sistema Nacional de Creadores. Ha publicado entre otros libros de poesía: *Vuelo 294* (1997), *Las 12:00 en Malinalco* (1998*), Papel revolución* (2000), *La novia del cuerpo* (2001), *Flight 294/Vuelo 294* (Estados Unidos, 2002); *Papier révolution* (Canadá, 2002), *Tan oro y ogro, poesía reunida* (2003) y *Tu mano, mi boca* (2005). Ha publicado los libros de ensayos: *Sin cera* (2001), *Breves ensayos largos* (2001) y *Xavier Villaurrutia: La comedia de la admiración* (2006). Es autor de las antologías: *Antología de poesía mexicana, cuadernos hispanoamericanos* (1996), *Poesía en segundos* (2000), *Sol de mi antojo, antología de poesía erótica con tema homosexual* (2001), *La mitad del cuerpo sonríe, antología de poesía peruana contemporánea* (2005), *Tigre la sed, antología de poesía mexicana* (2006), *El corazón prestado, el mundo precolombino en la poesía mexicana de los siglos XIX y XX* (2004). Recibió el Premio Latino de Literatura 2005 que otorga el Instituto de Escritores Norteamericanos de Nueva York.

Tu mano, mi boca

1. Un plato es una mano ahuecándose con sed o con hambre.
2. Un plato es una mano abriéndose en su pozo para recibir o para arrebatar.
3. Aunque me ilusiona su aspecto bondadoso, el plato —esta mano— no tiene escrúpulos.
4. El plato da, finge generosidad; pero el cuchillo está detrás de él.
5. El plato es un hueco duro y temible. A pesar de su aspecto medido y amable, la sangre y el hueso están en lo hondo.
6. No importa si estoy bien o mal vestido, no importa si soy bien o mal educado, cuando el plato descansa enfrente de mi, me domina y me hace —aunque me vuelva un niño o una mujer— el hombre armado.
7. Un plato sobre la mesa es una luna sobre un bosque de miedo.
8. Sobre la mesa, en la madera dura, inmóvil sangra el plato de la luna.
9. Una taza es un hueco indeciso entre abrir y cerrar, entre sincerarse y ocultar.
10. La taza juega o se equilibra entre dos aguas o entre dos continentes simultáneos. Es bella, pero mentirosa.
11. Un vaso es un hueco con miedo; teme perder su contenido.

Víctor Manuel Mendiola

Víctor Manuel Mendiola was born in Mexico City in 1954. He has been a fellow at the Mexican Writers' Center and a writer-in-residence at the Banff Centre for the Arts. He has a fellowship from Mexico's National System of Artists. His poetry collections include: *Vuelo 294* (1997), *Las 12:00 en Malinalco* (1998*), Papel revolución* (2000), *La Novia del Cuerpo* (2001), *Flight 294/Vuelo 294* (USA, 2002); *Papier révolution* (Canada, 2002), *Tan oro y ogro, poesía reunida* (2003) and *Tu mano, mi boca* (2005), *Selected Poems* (Shearsman Books, 2008). His books of essays are: *Sin cera* (2001), *Breves ensayos largos* (2001) and *Xavier Villaurrutia: La comedia de la admiración* (2006). He has also edited several anthologies: *Antología de poesía mexicana, cuadernos hispanoamericanos, Poesía en segundos, Sol de mi antojo, antología de poesía erótica con tema homosexual, La mitad del cuerpo sonríe, antología de poesía peruana contemporánea, Tigre la sed, antología de poesía mexicana, El corazón prestado, el mundo precolombino en la poesía mexicana de los siglos XIX y XX*. He received the Latino Literature Prize in 2005 from New York's North American Writers' Institute.

Your Hand, My Mouth

1. A plate is a hand hollowing with thirst or hunger.
2. A plate is a hand opening its depths to receive or to grasp.
3. Although her kindly aspect gives me hope, the plate—this hand—has no qualms.
4. The plate gives, shams generosity, but the knife is close behind.
5. The plate is a hard and dreadful hollow. In spite of its measured and pleasant appearance, blood and bones lie at the bottom.
6. It does not matter if I am well or badly dressed, it does not matter if I am well or badly behaved, when the plate rests before me, it overpowers me and makes me—whether I become boy or woman—the armed man.
7. A plate on the table is a moon over a ghastly wood.
8. On the hard plane of the wooden table unmoving, bleeding, the moon's plate.
9. A cup is a hollow which cannot decide whether to open or close, to reveal itself or to hide.
10. The cup gambles, balancing between two waters or two continents at the same time. It is pretty, but a liar.
11. A glass is a fearsome hollow; frightened to lose its contents.

12. Un vaso se alarga hacia arriba alarmado.
13. Con su aspecto alzado, el vaso presume una altivez que no tiene.
14. Si el vaso se deja llevar por el miedo o el egoísmo, se cierra, se vuelve una botella; le surge una cicatriz como un nudo. Un ombligo.
15. Cuando un vaso trastrabilla, quién sabe por qué motivo mi vida titubea llena de espanto.
16. En el cuello estrecho de la botella —como una bolsa atada, como un sexo cerrado— no hay comunidad ni palabras en común. Hay una medida que guardar, una pepita o una semilla que mantener oculta. El vaso se cierra no sólo para guardar. No quiere compartir, a menos que paguen el precio.
17. Cuando un plato se rompe algo esencial se quiebra. El amor o la familia. Cualquier promesa o pacto. Cualquier abrazo. Hasta el beso se seca. Sabe mal.
18. Estar asombrado o tener miedo: abrir los ojos como platos.
19. En la superficie de un plato puedo mirar el cielo de mi casa o del mundo. El Tao comienza en el plato o en la mano. Después viene el balcón.
20. En la superficie de un plato puedo encontrar, en una sombra blanca, tu rostro.
21. Hay una sombra blanca en el plato, una pálida sombra en el pulido pozo. Un fantasma que me mira todos los días en la cerámica.
22. En el hueco medido de un plato están tus huecos, los centímetros de tu mordida, la hora escondida de la digestión.
23. Junto al plato, el cuchillo eleva una oración a la encía dentada.
24. Junto al plato, el tenedor guarda silencio, torcido y alerta, como la mirada del diablo.
25. En su inocua presencia, la cuchara lengüetea el caldo con su pequeña, mustia cara cómplice.
26. En su redonda extensión, el plato te mira; te lleva hacia adentro.
27. El plato tiene la ceguera de los ojos puestos en blanco. Tú eres el agujero de su mira apuntando a la presa.
28. Un plato es la nube de humo de un cañón o la luz que exhala un cadáver. Piénsalo bien.
29. En el centro del plato pones, con ingenuidad y pacíficamente, la carne de un buey, un cerdo o un cordero. ¿Te la crees? ¿Piensas que estás afuera de la ley feroz de la saliva que envenena o del diente que rompe y rasga?
30. En el centro de un plato pones la rapidez de una lechuga. El aire sopla en la verdura.

12. A glass stretches upward, apprehensive.
13. With its insolent aspect, the glass assumes a false arrogance.
14. If the glass lets itself be carried away by fear or self-importance, it closes, becomes a bottle; a scar rises like a knot. A navel.
15. When a glass totters, who knows the reason why my life oscillates, filled with astonishment.
16. In the narrow neck of the bottle—like a shut purse, a sealed sex—are neither words nor fellow-feeling in common. There is a measure to guard, a pip or seed to keep hidden. The glass seals itself not only for protection. It doesn't want to share, unless they pay the price.
17. When a plate breaks something essential collapses. Love or the family. Whatever promise or pact. Whatever embrace. Even the kiss withers. It knows the worst.
18. To be startled or frightened: to have eyes as wide as plates.
19. On the surface of a plate I can see the sky of my house or of the world. The Tao begins in a plate or in the hand. Then comes the balcony.
20. On the surface of a plate I can find, in white shadow, your face.
21. There is a white shadow on the plate, a pale shadow in the polished depth. A phantom that watches me every day from the glaze.
22. In the measured hollow of a plate are your hollows, the centimetres of your bite, the hidden hour of digestion.
23. Close to the plate, the knife praises the toothed gum.
24. Close to the plate, the fork stays silent, devious and alert, like the devil's gaze.
25. In its innocuous way, the spoon licks the soup with its little gloomy complicit face.
26. In its round expanse, the plate observes you; draws you into it.
27. The plate has the blindness of eyes glazed white. You were the needle of its gaze aimed at the quarry.
28. A plate is the cloud of smoke from a cannon or the glow a corpse emits. Consider this well.
29. In the centre of the plate you place, naively and gently, the meat of a bull, a pig or a lamb. Do you believe it? Do you imagine that the fierce laws of saliva that poisons or teeth that rend and tear do not apply to you?
30. In the centre of the plate you place the speed of a lettuce. The air blows on the greenness.

31. En el comedor escuchas la percusión, el temblor, el temor, el tambor de los platos.
32. En el centro de un plato miras cómo las cebras se deshilachan en negras blancas hebras. En todo plato hay una cerámica de África. El león está detrás.
33. El plato sostiene al buey, al cordero y a la verde hoja larga, expuestos entre el grito y el colmillo.
34. El plato tiene la apariencia de una superficie, pero es la trampa de una bolsa retráctil. Una garra como un guante de sangre. Un estómago.
35. De niño veía la sombra blanca del plato y me quería hundir en su borroso lago de sangre.
36. El plato es una planta carnívora.
37. En esa planta mides tu hambre y tu sed; el peso y la largura de tu paso; los kilos de presión en tu mordida.
38. Sentarse a comer con alguien, estar en la mesa, hacer sonar apenas, o mucho, los platos: representar la digestión de adentro en el teatro de afuera.
39. Los ruidos de mi estómago y del tuyo en este momento fueron las palabras de amor de hace dos horas frente de nuestro plato.
40. Sobre la superficie de la mesa relumbra el pozo mudo de mi plato, su ruido azul de boca me atraviesa.
41. Te miro a los ojos; te miro con hambre, te miro con mi boca; quiero guardarte; déjame abrazarte con mi estómago.
42. Cuando decimos "te amo" o "te quiero" no deberíamos señalar la sonrisa o el cabello, tampoco la espalda; sería mejor hablar como nos hablamos en el silencio de la cama o del baño. Los sentimientos me hacen mentir.
43. En el dominio del plato puedo decir: necesito husmear tu pie, probar tu áspera axila desdoblada, aspirar las fosas de tu cuello caliente, tocar el anillo de tu cuerpo, comer de ti, comer de tus huecos. Roer tu hueso, tu adentro. Déjame.
44. Cuando nos dejamos de amar, ya no comemos juntos ni nos comemos. El teatro de afuera extravió el teatro de adentro. No somos un plato que corre en la velocidad de su placer sino un vaso estrechándose sin acento ni rima.
45. En un plato no sólo pones tu alimento; depositas los gramos y las pulgadas de tu cuerpo. Tu carne y tus huesos. Sobre todo tus huecos.
46. Una ecuación: deseo = hambre, o a la inversa; pero quizá sería mucho mejor: amor = plato = boca = estómago.

31. In the dining room you listen to the hammer, the shudder, the dread, the drum of the plates.
32. In the centre of the plate see how the zebras unravel into black white fibres. On each plate there is an African motif. The lion is on the back.
33. The plate supports the bull, the lamb and the large green leaf, revealed between shriek and canine tooth.
34. The plate appears a surface, but it is the snare of a withdrawn purse. A claw like a bloody gauntlet. A belly.
35. From childhood I saw the white shadow of the plate and yearned to plunge into its muddy lake of blood.
36. The plate is a carnivorous plant.
37. By that plant you measure your hunger and thirst; the weight and length of your step; the kilos of pressure in your bite.
38. To sit down to eat with someone, to be at table, to make a gentle or brutal clatter of plates: to represent the digestion inside in the theatre outside.
39. The sounds from my belly and yours at this moment were our words of love two hours ago in front of our plates.
40. On the surface of the table glistens the mute depth of my plate, its blue sound pierces my mouth.
41. I look at your eyes; I look at you hungrily; I want to contain you; let me embrace you with my belly.
42. When we say "I love you" or "I want you" we do not mean the smile or the hair, much less the shoulder; it would be better to speak as we speak in the silence of the bed or the bath. Feelings make me a liar.
43. In the dominion of the plate I can say: I need to smell your foot, taste your sour unfolding armpit, inhale the grave-pits of your hot neck, touch the ring of your body, eat you, eat from your hollows. Gnaw your bone, your inside. Let me.
44. When we let ourselves love, then we do not eat together nor eat each other. The theatre of outside displaces the interior theatre. We are not a plate that races at the furious pace of its pleasure but rather a glass tightening itself without accent or rhyme.
45. On a plate you do not only put your food; you place the ounces and inches of your body. Your flesh and your bones. Most of all, your hollows.
46. An equation: desire = hunger, or the opposite; but perhaps this would be far better: love = plate = mouth = belly.

47. El plato es una boca abierta. Dale de comer.
48. Vi a dos caracoles hacerse dos bocas en mis narices sobre mi plato. Era el beso más apasionado de la historia del cine.
49. Te pienso y te divido con el cubierto de mi lengua. No necesito cuchara ni tenedor ni cuchillo.
50. El plato es tu boca cuando te acercas a mí. Escucho las cuentas de tus pequeños dientes.
51. El plato me enseña tu hueco más delicioso. Por eso meto mi dedo en tu comida.
52. Cuando beso tu boca, beso tu hueco más hondo. Y sé dónde comienza y dónde termina.
53. Ni tus ojos, ni tu nariz, ni tus oídos tienen esa hondura, ese vacío que me encierra y que me llena. Tus letras, tu lengua son mi testigo.
54. Dame de comer de tu plato, entrégame tu mundo de adentro, dame tu hambre.
55. Va mi boca a tu plato a comer de tu mano.
56. Pongo la mitad de un tomate en la superficie del plato; veo la cresta alzada de un gallo blanco cuando revisas tu hacienda. Con mirada bondadosa cuentas vacas y pollos.
57. Pongo una rama de eneldo en mi plato; veo tu mano crecer sobre mi mano.
58. —Voy al mercado. Arranco aceitunas del estante; desgajo tres ramas; atravieso con los ojos la rapidez inmóvil de un salmón, petrificado en la botella oceánica de hielo dulce en la sección de Pescados y Mariscos. La espuela de un tiburón, las tenazas de un cangrejo. Ordeno tres piezas.

    Regreso, cargado, a mi casa. El buche lleno.

    A fuego lento, no más de veinte minutos, cuezo mi presa. La preparo para ti. Mantequilla. Dos ramas de eneldo. Tiene que gustarte.

    Ven, acércate, escucha está música de sangre y fuego, come conmigo. Ven a mi casa, siéntate a comer en mi mesa. Déjame entrar a ti, antes de entrar en ti.

59. Tu plato es una fosa deliciosa. Entiérrame.

47. The plate is an open mouth. Feed it.
48. Under my nose, in front of my eyes, I watched two snails become two mouths on my plate. It was the most passionate kiss in the history of cinema.
49. I think of you and divide you with the cutlery of my tongue. No need for spoon or fork or knife.
50. The plate is your mouth when you come close to me. I listen to the stories of your little teeth.
51. The plate teaches me your most delicious hollow. That is why I dabble my finger in your dinner.
52. When I kiss your mouth, I kiss your deepest hollow. And I know where it starts and where it ends.
53. It is not your eyes, not your nose, not your ears which have this depth, this emptiness which encloses me and fills me. Your cunning words, your tongue, are my evidence.
54. Give me food from your plate, surrender your internal world, give me your hunger.
55. Now comes my mouth to your plate to eat from your hand.
56. I put half a tomato on the plate's surface: I see the insolent crest of a white cock inspecting his domain. Complacently counting the cows and chickens.
57. I place a sprig of dill on my plate; I watch your hand grow over my hand.
58. —I go to the market. I snatch olives from the counter; tear off three branches; let my eyes move along the immobile swiftness of a salmon, frozen into the oceanic vessel of sweet ice in the Fish and Seafood section. The spur of a shark, the claws of a lobster. I order three pieces.

    I return, laden, to my house. A full bag.

    On a slow fire, for not more than twenty minutes, I cook my catch. Prepare it for you. Butter. Two sprigs of dill. You will have to try it.

    Come, nearer, hear this music of blood and fire, eat with me. Come to my house, sit down to eat at my table. Allow me to let you enter, before I enter you.

59. Your plate is a delicious grave. Bury me.

(Translated by Ruth Fainlight)

Blancura

Al hacer el amor
pienso que la blancura de tu cuerpo
pierde sentido sobre
la blancura del mío
como si fuera inútil
que un color se disuelva
sobre el mismo color.

Pero un minuto más tarde comprendo
que las calladas olas pálidas
de nuestros cuerpos
sí tienen un sentido,
porque cuando se encuentran
son el paisaje
de un ruido tan callado,
móviles ondas quietas,
y que nos apretamos
de la misma forma
que se aprieta un cristal
bajo la presión del viento
rompiéndose en un abrazo
de astillas y hendiduras,
fragmentándose
en un silencio de agua y aire
dentro de nuestra carne
en la noche del cuarto.

Y que tiene sentido
romper tu espejo contra el mío
para mirar
en las quebradas piezas reunidas
mis pies o hallar tu boca
en la blanquísima repetición
de nuestros cuerpos.

Whiteness

When making love
I think your body's whiteness
loses meaning over
the whiteness of mine
as if it were useless
to have one color dissolve
over the same color.

But one minute later I understand
that the rising pallid waves
of our bodies
do have meaning.
This is because, when they find each other,
Our bodies are the landscape
of such a quiet sound—
mobile still waves.
And I understand that we hold tight
in the same way
that a windowpane
tightens under the wind's pressure
to shatter in an embrace
of splinters and cracks—
fragmenting
in a silence of water and air
within our flesh
in the night of the room.

And I understand that it has meaning
to break your mirror
against mine
to see
my feet or find your mouth
in the broken, reunited pieces,
in the whitest repetition
of our bodies.

(Translated by Jennifer Clement)

El huevo duro

De la cestilla tomo el frágil huevo.
Sobre la mano pesa su redondo
blanco sin peso —tan callado y hondo,
tan oro y ogro como un medioevo.

Con la cuchara hasta el perol lo llevo
y el tiempo mido; en el hervor lo escondo
y miro cómo el miedo baja al fondo;
ser viejo y duro es un febril renuevo.

Todo es la blanca forma del espanto.
atrapada la nuca picadura
y el gallo a la mazmorra reducido,

es el huevo la nota de otro canto
y oro sin ogro guarda la armadura;
mi cena, el duro huevo envejecido.

La enredadera

Recostado en la hierba del jardín,
me llamó la atención la enredadera.
Levanté con las manos la cabeza
para mirar su impulso de raíz.
Y supe que en su fuga se concentran
los ritmos de las sombras y un fluir
de insectos en las hojas. Comprendí
por ella la salud de la sorpresa.
Incorporé la espalda ante el prodigio
de la verde cortina vegetal.
Me sacudió su exuberancia en orden.
Y entendí su silencio primitivo,
su terca lentitud de oscuridad,
sus notas graves y su fuga enorme.

The Hard-boiled egg

I take a frail egg from the small basket.
The heft of its white rotundity in my hand
is weightless—so silent and deep,
golden and monstrous as the Middle Ages.

I take it with a spoon to the casserole
and time it; I hide it in the fury
and observe how fear treads to the bottom:
to be old and hard is a frenzied revival.

Everything is the white form of fright.
Trapped is the never-made bite
and the rooster lowered to a dungeon,

a note from another song is the egg
and ogreless gold keeps its armor:
my supper, the aged hard-boiled egg.

(Translated by Ruth Fainlight)

The Bindweed

As I reclined on the garden lawn,
my attention was drawn to the bindweed.
I lifted my head with my hands
to see the impulse of the roots.
And knew that in this flight
circled the rhythms of shadows and the flow
of insects in the leaves. Through it
I understood the blessing of a surprise.
I sat up before the wonder
of the organic green curtain.
Its ordered exuberance shook me.
I understood its primitive silence,
its slow, stubborn movement in the dark,
its grave notes, and its enormous escape.

(Translated by Jennifer Clement)

Samuel Noyola

Samuel Noyola nació en Monterrey, Nuevo León, en 1965. Tuvo la beca del Instituto de Cooperación Iberoamericana (1989). Ha colaborado en diversas publicaciones del país como *Vuelta, La Jornada, suplemento El ángel de Reforma* y en *La gaceta del FCE*. Sus libros de poesía son: *Nadar sobre mi llama* (1986) y *Tequila con calavera* (1993).

La espera

Podría esperar a que la Inspiración
me muerda una oreja, y en la espera
encender el incienso de mariguana,
el televisor o llamar a Tabata
para que me traiga una botella de tequila,
beberla en el cuenco de la calavera.

Pero puede llegar cuando distraído
más ando, cuando me saco un moco
o duermo enamorado. Sin embargo,
sospecho que Doña Inspiración no me espera.

Así que me acerco al Libreto, paro
la oreja, miro la realidad con estrías,
y su ojo descarado me contempla.

Asisea

Ridículo padre

Bajo el cielo de Tucson

Que mandas todavía cartas de amor

A la madre.

Samuel Noyola

Samuel Noyola was born in 1965 in Monterrey, Nuevo León. He received a grant from the Iberoamerican Cooperation Institute in 1989. He has been a contributor to various publications such as *Vuelta, La Jornada, suplemento El ángel de Reforma* and to *La gaceta del FCE*, and is the author of two poetry collections: *Nadar sobre mi llama* (1986) y *Tequila con calavera* (1993).

(Translations by Jennifer Clement)

The Wait

I could wait until Inspiration
bites my ear, and in the wait
turn on with fragrant marijuana,
turn on the television or call Tabata
to bring me a bottle of tequila
and drink it out of the skull bowl.

But it could come when I am distracted,
just walking about, pulling a bogey out
or sleeping in love. However,
I suspect that Madam Inspiration does not wait for me.

So I approach the Libretto, open
my ear, look at my scarred reality
and its barefaced eye contemplates me.

Sobeit

Ridiculous father

Under the Tucson sky

That still sends love letters

To the mother.

No olvido mi nombre sellado en tu cara,
herrado a tres sílabas
y en labios de ella generoso chispazo
abriendo con fe lo obscuro,
fuego en el espejo desvelado del alba.

No venga más memoria
a perturbar
flor de sangre inquieta en el costado.

La vanguardia es fresa o en el día del trabajo

Los poetas son como Edipo ciego.
Si no es la madre es el poder
lo que se cruza en su destino.
No interesa la pregunta de la Esfinge.
Si el sol es el sol, el centro es todo,
verano derramado en un soneto,
la nada cede ante el pífano de luz.

¿Y si atrás de la idea sólo hay nada?
Ella es la verdadera Madre.
Ojo y hoyo, el avestruz lo sabe,
y un desfile de árboles sonoros.

Por eso me enamoré de Joseta
en un pueblito donde el agua caliente es el cuerpo.
Se respira lo verde del cielo,
logos incorregible: la historia es secreta.

Con un espejo a cada lado
Favela me mira, y su mirada se suspende
entre una conversación de reflejos:
constelación entregada en fuente.

Lo demás es el ser, los ojos solos.

I don't forget my name sealed in your face,
forged in three syllables
that in her voice become a generous sparkle,
a fire in the mirror watching for daybreak,
to open with faith that which is dark.

May no more memory come
to perturb
the troubled blood flower under rib cage.

The avant-garde is prudish or on a work day

Poets are like blind Oedipus.
If it isn't their mother it is power
that crosses their destiny.
They don't care about the Sphinx's question.
If the sun is the sun, the centre is everything,
summer overflowing into a sonnet
nothing gives way to the fife of light.

And if behind an idea there is nothing?
She is the true Mother.
An eye and a hole, the ostrich knows,
a procession of vibrant trees

This is why I fell in love with Joseta
in a village where hot water is the body.
Where one breathes the sky's green
incorrigible logos: the story is secret.

With a mirror on each side
Favela looks at me, and her gaze is suspended
between a conversation of reflections:
constellation becoming source.

The rest is being, eyes alone.

Romance del suspendido entre el si y el no

Suspendido entre el si y el no
¿a quien le dices que no
para decirle que si?
Por un equilibrio así
han cojeado muchos cantos,
congelado mil encantos
y tenido otros acentos,
del óbolo del acierto
y la fiebre del error.
¿a quien le dices que si
para decirle que no?
¿A las piedras estrelladas
que son los signos del cielo?

Zozobra

La ciudad naufragó toda la noche,
con álamos anclados y neones en vela
sobrevivió al oleaje de la sombra
donde los ídolos de piedra se hunden
y el ciudadano sueña una pirámide.

Yo también naufrague con la ciudad.
Atónita mirada que se pierde
en la deriva inmóvil del silencio,
los segundos ingrávidos de niebla,
temí beber mi espectro en el espejo.

Llegue al amanecer temblando,
arrojado a la playa descubierta.
Alba de pagina.
      zozobra de la noche,
en la arena dibujo y borra las palabras.

Romance suspended between yes and no

Suspended between yes and no
who do you say no to
in order to say yes?
To attain this equilibrium
many poems have been weak,
thousands of enchantments have frozen
and dyed other accents,
of the charitable gift of judgment
and the fever of an error.
To who do you say yes
in order to say no?
To the smashed stones
that are the signs of heaven?

Going under

The city was shipwrecked all night
with anchored poplars and vigilant neon lights
It survived the waves of a shadow,
where stone idols sink
and residents dream of a pyramid.

I also was shipwrecked with the city.
An amazed vision that is lost
adrift in the still silence,
weightless seconds in fog,
I was afraid I would drink my specter in the mirror.

I met the dawn trembling,
cast upon a deck of beach.
Daybreak on a page,
      night going under,
on the sand I draw and erase the words.

Levitado

Palabras que escribo y no cuento.
Los verbos temblando:
Ser
 Hacer
  Aparecer
Sentencias del dios ausente.

Levitado.
Todo el santo día voyvengo
por el campo magnético de tus ojos.

Levitated

Words that I write and don't count.
The verbs tremble:
To be
       To do
              To appear

Sentences from the absent god.

Levitated.
All day long I comego
Through the magnetic field of your eyes.

José Luis Rivas

José Luis Rivas nació en Tuxpan, Veracruz, en 1952. Poeta, ensayista y traductor, dirigió el taller de poesía Tierra Adentro. Ha colaborado en varias revistas como *Caos*, *Agua que pasa*, *Enlace*, *Revista de la Universidad de México*. Ha publicado *Raz de marea: Obra poética (1975–1992)* (1993, 2nd ed., 2000), *Río* (1998), *Un navio un amor* (2004), *Ante un cálido norte* (2006), *Pájaros* (2008). Recibió el premio Nacional de Poesía Aguascalientes (1986), el Premio Xavier Villaurrutia (1990) y el Premio Ramón López Velarde (1998).

Una temporada de paraíso

> *And in the mighty mornings of the earth . . .*
> —Dylan Thomas

Libre como el que más
    al filo
de esta lámina ondulante de vidrio azul y blando
vago al antojo de mis pies desnudos por la arena parda

El oleaje azota con su fuete la escollera
mientras el solo sol
    me cubre las espaldas
Gaviotas y pardelas
    vuelan a flor de agua
la rasgan con sus picos
y de ella roban
    peces fresquísimos que agitan
su agonía
  Algazara de loros
radiosa subversión en los reinos del cielo
esta mañana que luce en su semblante
      el humor nítido de un dios
y en el despejo de su frente
    la bendición de la brisa
al tiempo que llamean
bajo mi frente

José Luis Rivas

José Luis Rivas was born in Tuxpan, Veracruz in 1952. A poet, essayist and translator, he was Director of Tierra Adentro's poetry workshop. He has collaborated on various magazines, such as *Caos*, *Agua que pasa*, *Enlace*, *Revista de la Universidad de México*. He is the author of *Raz de marea: Obra poética (1975–1992)* (1993, 2nd ed., 2000), *Río* (1998), *Un navío un amor* (2004), *Ante un cálido norte* (2006), *Pájaros* (2008). He has received the Aguascalientes National Poetry Prize (1986), the Xavier Villaurrutia prize (1990) and the Ramón López Velarde Prize (1998).

(Translated by Reginald Gibbons)

A Season of Paradise

> *And in the mighty mornings of the earth . . .*
> —Dylan Thomas

As free as anybody
           along the edge
of this undulating sheet of smooth blue grass
I wander the dark sand wherever my naked feet want to take me

The waves beat whips against the jetty
While the single sun
           covers my back
Gulls and *candiles*
           fly along the surface of the water
they rip it with their beaks
and from it take
           the freshest fish thrashing
agonies
           Cacophonous shrieking of parrots
radiant subversion in the kingdoms of heaven
on this morning with the face
           of a god's sharp humor
and on its shining forehead
           the benediction of a breeze
while beneath my forehead

            otras mañanas
                      poderosas mañanas de la tierra
con su poder arbóreo
            y su furor marino

Libre como el que más
            en la mañana de mis treinta años
hundo la punta de mi pie en el agua cálida
de la marisma que hierve
            en espumas
cuando las crías de langosta horadan
en su huida el agua
            donde chapotearon
hace un instante mis pies nómades
                      y la arena donde yacen
naufragadas
        fláccidas medusas
las conchas de tatuaje constelado
las algas que se enroscan al tobillo
                  sierpes de mar
los caracoles
        claustros marítimos
los cangrejos eremitas
los erizos celadores
de la marisma y todo lo que el mar con su marea
retira tesonero de su vasto dominio

Un puñado de viento castiga mis espaldas
así los dioses
        empujaban
a aquel que le tocaba en suerte
                presenciar el milagro

Mis ojos de martín pescador bucean en el agua virgen
Sorprendidas
        las jaibas
escapan al soslayo sobre el tapete verde del océano
y los pulpos
        translúcidos

                    flame other mornings
                                        powerful mornings on earth
with its arboreal power
                and marine rage

As free as anybody
                    in my morning of my thirty years
I sink my toes into the warm water
of the marsh that boils
                    and foams
when the langouste brood spiral
in their water-flight
                    where a moment ago
they splashed my nomad feet
                            and the sand where
shipwrecked jellyfish
                lie flaccid
star-tattoed conchs
kelp twisting around my ankles
                                sea snakes
periwinkles
        marine hallways
hermit crabs
sea-urchin watchmen
of the marsh and everything that the sea
brings treasurously in on tides from its vast dominion

A fistful of wind strikes my shoulders
thus the gods
            would push
anyone to whom it luckily fell
                            to witness the miracle

My kingfisher eyes plunge into the virgin water
Startled
        crabs
flee sideways over the green ocean carpet
and translucent
                octopi

                      se refugian en sórdidas guaridas
El viento silba en los palmares de la costa
                              esta mañana
en que el sol
        para despertarse
se zambulle en el agua

Todo el espacio abierto
cuando el rocío sube por una escala de hiedras hasta el cielo
La luz abre resquicios de oro
en las tupidas limonarias y en la ribera
se despliegan a la vez
                velámenes de manta
                          y aparejos de plumas
Todo el relumbre de los cielos se copia
                        en el espejo oliva del río
Sobre troncos musgosos
                iguanas de encostrada piel
                                toman el sol
mientras los zorros rascan en las breñas
y de la mano de la floresta
se vuelve
       al mar
por un sendero practicado
                      entre palmeras

En la playa
        el airón real
                acomoda con su pico
plumas que de nuevo
            le entresaca
                el viento

La estrellamar varada
            en una poza
                    y escarchada de arena
refulge con el sol
y entonces los cangrejos diminutos
                          se asoman tímidos

                    hide in dirty caves
The wind whistles in the coastal palm groves
                                    this morning
when the sun
            to wake up
splashes itself in the water

All the expanse outspread
when the dew climbs an ivy ladder toward the sky
The light breaches golden chinks
in the thick-woven *limonaria* bushes while along the shore
simultaneously
              a manta's sails
                        And feathered rigging unfurl
All the dazzling glare of the sky is copied
                                in the olive river-mirror
On mossy trunks
              crusty-skinned iguanas
                                take the sun
while foxes scratch in the brambles
and hand-in-hand with the green profusion
one returns
          to the sea
along a practiced path
                  through palms
On the beach
          a royal crest
                      is grooming with its beak
the feathers that the wind
                      ruffles
                            again

The starfish stranded
                  at a tide-pool
                              frosted with sand
sparkles in the sun
and then tiny crabs
                timidly peek out

por el postigo de sus cuevas
y una camada muy reciente de tortugas corre en busca del agua

Heraldos de la tempestad
                      los pájaros del norte
atraviesan el cielo

Pero la vida es una fiesta
                      esta mañana
                                      en que el sol se despierta
soñando

Hace veinte años
                  era yo un niño
y recuerdo que hacía sol de sol a sol
que hacía sol a diario
Y en todas partes
                  a la orilla del río
                  a la sombra de los guayos
                  bajo el techo de palma de las casas
había gente que se quejaba del sol

Ah el sol
el sol más sol
                es este sol
el sol nuestro de todos los días
el sol de la canícula
el que enferma de rabia a los perros callejeros
el sol que tizna la piel
                      y soasa los huesos   el sol
que pone inyecciones gratuitas de vitamina
el que frota la lámpara del rijo
el sol que acuesta a María con su novio
sobre un petate
              al pie del zapotero
y ellos
cubiertos sólo
              con una suave sábana de popelina
pasan la tarde entera
                bien enlazados

of the sally-ports of their holes
and a new brood of turtles rushes in search of the water

Storm heralds
          birds of the north
cross the sky

But life is a celebration
                this morning
                            when the sun wakes up
dreaming

Twenty years ago
          I was a child
and I remember that the sun shone from sun to sun
it shone every day
and everywhere
          on the riverbank
          in the shade of the *guayo* trees
          under the palm-thatch roofs of houses
there were people who complained of the sun

Ay what sun
what sunny sun
          this is
what sun we have every day
what dog-days sun
that makes the street-curs rabid
that darkens our skin
          and bakes our bones   what sun
that injects us with free vitamins
that rubs the lamp of lust
what sun that makes María go to bed with her boyfriend
on a mat
      under the zapote tree
and covered only
          with a soft poplin sheet
they spend the whole afternoon
                        nicely tangled together

Poco a poco
              el sudor escurre entre sus piernas
y un olor muy penetrante
                        los va nimbando
y entonces el
              que espía oculto tras el tronco del caimito
se queda un rato ahí
                    extático y convulso
y aunque vaya después
                      a ventilarse
                                  al pie del abanico eléctrico
o a tenderse de cara
                    en los fríos mosaicos
sabe ya bien que nada va a ponerlo
                                  a salvo del contagio
y a todas horas
              sólo piensa en tumbarse
                                      al lado de María
para aspirar su aroma
                    entre las mantas de su escaldadura

Ay el sol
el solazo del sol
¿Quién podría vivir sin este sol? El sol
que caldea los estanques de las ranas
y el agua de los cocos
el sol que saca lagartijas de las cuevas
sol que revienta
cántaros de aguamiel en la cabeza
y hace con lejanía
              su lente de aumento

Ay el sol
el bochorno del sol
el sol más sol
              es este sol
el sol nuestro de todos los días
ese que se baraja con los naipes de la lotería
sol que nutre su fogón

Pretty soon
            the sweat is trickling between their legs
and a very penetrating scent
                      like a luminosity envelops them
and then the one
            who's hiding behind the *caimito* tree to spy on them
stays there a moment
                shaking and ecstatic
and even though later he goes
                to cool himself off
                          in front of the electric fan
or to lie facedown
            on the cool flagstones
he knows very well that this is catching
                    and nothing's going to save him from it
and at all hours
            all he thinks about is going to be
                          with María
to breathe her scent
            in the sheets she is scalding

Ay what sun
what scorching sun
Who could live without this sun? This sun
that warms frog ponds
and coconut milk
this sun that brings lizards out of their holes
this sun that splashes
pitchers of maguey juice over hot heads
and when it's far away
                turns into a magnifying glass

Ay what sun
what sultry sun
what sunniest sun
            this is
this everyday sun of ours
that shuffles the *lotería* deck with the sun-card in it
that feeds its cookstove fire

con el papel de *El más antiguo Galván*
y con los escarchados rótulos de la cerveza
El sol que trepa a la cama
                    donde muy juntos
mi hermanita y yo
                amodorrados
nos revolvemos con atufo
                    toda la noche
bajo el mosquitero

Ay el sol
el que sube a la cama
                    se encoge como un duende
                                        salta
abre la ventana
                y nos anuncia
                            un nuevo día de sol

with paper from the most venerable books
and ads for beer
Sun that creeps up the bed
      where very close together
my little sister and I
    half-sleeping
tossed and turned
    all night
under the mosquito net

Ay what sun
that climbs the bed
    crouches like a goblin
        leaps
opens the window
    and announces
      a new day of sun

Silvia Tomasa Rivera

Silvia Tomasa Rivera nació en Veracruz en 1955. Fue becaria del Instituto Nacional de Bellas Artes de 1982 a 1983. Ha publicado los siguientes libros de poesía: *Poemas al desconocido/Poemas a la desconocida* (1985), *Apuntes de abril* (1986), *El tiempo tiene miedo* (1987), *Duelo de espadas* (antología, 1988), *Por el camino del mar. Camino de piedra* (1988), *La rebelión de los solitarios/El sueño de Valquiria y Alta montaña* (1997). Así como los de dramaturgia: *Alex y los monstruos de la lomita* (obra para niños, 1991), *Vuelo de sombras* (1994) y *Como las uva*s (2005). Recibió, entre otros, los premios: Nacional de Poesía Paula de Allende (1987), Jaime Sabines (1988), Premio Instituto Nacional de Bellas Artes-Gobierno de Coahuila (1991) y el Premio Carlos Pellicer a obra publicada (1997).

Mañana cuando amanezca
vamos a enterrar al difunto.
El cementerio está lejos, al final
de una brecha larga, a los lados
el paisaje es un sinfín de hectáreas
sembradas de zacate guinea.

Algunas mujeres están en la cocina preparando café,
otras en los cuartos rezan
"por el alma de nuestro hermano Juan
y las demás del purgatorio".
La noche transcurre...
"arca de la alianza,
torre de marfil,
casa de oro,
consoladora de los oprimidos".

Entretanto, por el camino de la presa
los hombres toman aguardiente y juegan baraja
alumbrados sólo por un quinqué
y la luz incierta de las estrellas.

★ ★ ★

Silvia Tomasa Rivera

Silvia Tomasa Rivera was born in Veracruz in 1955. She was funded by the National Institute of Fine Arts from 1982 to 1983. She has published the following poetry collections: *Poemas al desconocido/Poemas a la desconocida* (1985), *Apuntes de abril* (1986), *El tiempo tiene miedo* (1987), *Duelo de espadas* (antología, 1988), *Por el camino del mar. Camino de piedra* (1988), *La rebelión de los solitarios/El sueño de Valquiria y Alta montaña* (1997). She has also published dramatic works: *Alex y los monstruos de la lomita* (a play for children, 1991), *Vuelo de sombras* (1994) and *Como las uvas* (2005). Her prizes include: The Paula de Allende National Poetry Prize (1987), the Jaime Sabines Prize (1988), the National Institute of Fine Arts Prize from the Government of Coahuila (1991), and the Carlos Pellicer Prize (1997).

(Translations by Kathleen Snodgrass)

Tomorrow at dawn we'll bury the deceased.
The graveyard is a ways off,
at the end of a long, rough road;
the country spreads out for many hectares,
planted with guinea grass on both sides.

In the kitchen women make coffee
while others are in rooms praying
"for the soul of our brother, Juan,
and the other souls in Purgatory."

The night passes . . .
"ark of alliance,
tower of marble,
house of gold,
consolation of the oppressed."

Meanwhile, alongside the road to the dam,
men drink white lightning and play cards
lit up only by an oil lamp
and unsteady star light.

★ ★ ★

Vino el abuelo a visitarnos
y le trajo a mi hermano un rifle
para matar conejos; a mí no me dio nada,
yo soy la mayor pero soy mujer.

Mi hermano desde que carga el rifle no me habla,
tiene 10 años y yo 12.

Pobre hermanito, por andar correteando perdices
se cayó de la yegua, montaba a pelo
y la reata que le servía de rienda
se le enredó en un pie;
la bestia lo arrastró entre los huizaches.

Se lo llevaron al pueblo en una camioneta,
tiene tres días en el hospital y no sale.

Mi madre no hace más que llorar y ver la carretera.

★ ★ ★

Los vaqueros que regresan de campear
traen la algazara de mayo,
esperan que anochezca.

La Rufina vive en Palmasola
dicen que tiene una casa con varios cuartos,
y varios corredores, donde muchachas
de piel morena y cabellos ensortijados
como nidos de palomas moradas,
se dedican a cuidar el jardín.

Cuando los hombres van a Palmasola
regresan con un brío
como de caballos salvajes,
dispuestos a enfrentarse al sol
y al verdor destellante del potrero.

My grandfather came to visit
and brought my brother a rifle
to kill rabbits; he didn't give me anything;
I may be older but I'm female.

Ever since he got the rifle my brother doesn't talk to me;
he's 10 and I'm 12.

Poor little brother—chasing after quail,
riding bareback, he fell off the mule,
and the rope he used for reins
wrapped around his foot;
the animal dragged him through the thorny bushes.

They took him to town in a truck;
three days in the hospital, he's not out yet.

My mother does nothing but cry and stare at the road.

★ ★ ★

The cowhands returning from working in the countryside
bring May's raucousness with them;
they wait for nightfall.

La Rufina lives in Palmasola;
they say she has a house with many rooms,
many hallways, where young women
with dark skin and hair in ringlets
like nests of purple doves
spend their time tending the garden.

When the men go to Palmasola
they come back
like wild horses,
ready to take on the sun
and the glittering green of the pasture.

Papá, ¿quién es La Rufina?
Cállate niña, es cosa de hombres.

★ ★ ★

Estamos de fiesta en un rancho cercano;
llegamos a caballo y nos reciben
con cervezas y agua de tamarindo.

Es la boda de Rosa Pecero,
aquí vinimos el año pasado
cuando Rosa cumplió 15;
ahora está toda de blanco en lo que llaman
el umbral de su vida.

Apenas sale, los jaraneros empiezan a trovar,
las muchachas la rodean,
tienen una gota de envidia en los ojos.

El novio Cipriano no se acerca para nada,
debajo de un mezquite, sólo toma cerveza.

★ ★ ★

Madre, quiero ir al mar.

Tuxpan queda lejos
a hora y media y la carretera tiene
un buen trecho de terracería.
¡Mejor vamos a la playa del río!

Madre, quiero ir al mar.

No te conforma nada.
¿Para qué el mar en este tiempo?
vas a poner el agua roja,

Papa, who is La Rufina?
Be quiet, child, that's men's business.

      ★ ★ ★

We're at a party at a nearby ranch;
we come by horseback and they welcome us
with beer and tamarind water.

It's Rosa Pecero's wedding;
we came here last year
when Rosa had her 15th birthday party;
now she's all in white and they call it
the threshold of her life.

As soon as she comes out, musicians begin to serenade her;
young girls surround her,
a drop of envy in their eyes.

Cipriano, the bridegroom, won't come near for anything;
all he does is sit under a mesquite tree and drink beer.

      ★ ★ ★

Mother, I want to go to the sea.

Tuxpan is far away,
an hour and a half, and the highway
has a long stretch of bad road.
It's better we go to the beach by the river!

Mother, I want to go to the sea.

Nothing satisfies you.
Why the sea at this time?
You're going to make the water red;

además, Tuxpan es feo,
las palmeras parecen ahorcados
cuando se viene el norte.

Madre, quiero ir al mar.

El sol de las dos de la tarde
no es cualquier cosa, te despelleja
y a los recién nacidos les sume la mollera.

A las que van al mar, se les meten culebritas
y les crece la panza.
¿Quieres surdir en otra playa
con el cuerpo hinchado y sin cabellos,
como el muchacho de 16 años?

Porque el mar no es el río,
el mar mete su lengua hasta que te ahoga,
te destroza, es un beso del diablo
ese mar.

Si vas, te reconoceremos sólo
por la cadena de oro de tu cuello.
¿Quieres ir al mar?

        Eso quiero.

besides, Tuxpan is ugly;
when there's a north wind,
the palm trees look like hangmen.

Mother, I want to go to the sea.

At two o'clock in the afternoon
the sun is like nothing you've ever seen;
it strips away your skin
and bores into the heads of babies.

Little snakes get into girls who go to the sea
and their bellies swell up.
Do you want to end up on the other beach
hairless, with a swollen body,
like a 16-year-old boy?

Because the sea is not the river;
the sea sticks out its tongue until it drowns you,
it destroys you, it's a devil's kiss,
that sea.

If you go, we'll recognize you only
by the gold chain around your neck.
Do you want to go to the sea?

                That's what I want.

Pedro Serrano

Nació en Montreal en 1957. Estudió en la UNAM en la Universidad de Londres. Publicó seis libros de poesía, *El miedo* (1986), *Ignorancia* (1994), *Tres poemas* (2000), *Turba* (2005) *Desplazamientos* (2006) y *Nueces* (2009). Redactó una antología de ficción contemporánea méxicana en la revista *Storm* (Jonathan Cape, Londres, 1992). Pedro Serrano (con Carlos López Beltrán) editó y tradujó *La generación del cordero*, una antología bilingüe de la poesía británica contemporánea, y una antología del poeta irlandés Matthew Sweeney. La opera *Les Marimbas de l'Éxil/El Norte en Veracruz* (música de Luc LeMasne) se representó la primera vez en Besançon, en enero 2000, y después en Paris y en México. Sus poemas se incluyeron en las antologías norteamericanas *Reversible Monuments* (Copper Canyon, 2002) y *Connecting Lines* (Sarabande Books, 2006). Recibió una becaria Guggenheim en 2007 y enseña poesía y traducción en la UNAM. Es editor del *Periódico de Poesía*, una revista de poesía en línea.

Los pies

Los pies se doblan, empequeñecen, huyen,
curvan su miseria y su miedo en unas líneas
que son las de la mano y no lo son.
Los pies son extensiones de Dios
(por eso están abajo),
de allí su angustia, su volumen redondo, su desajuste.
Los pies son como crustáceos asustados.
Tan sensibles los pies.
Se doblan y apeñuscan al hacer el amor
como si ellos fueran sus sujetos.
Los pies, así, no están hechos ahora
para prenderse como avispas
a cada aguja,
a cada rama del alma que allí los haga.
Son más alas que pies,
chiquititos y frágiles y humanos.
Tan desconsiderados que los tenemos.

Pedro Serrano

Pedro Serrano was born in 1957 in Montreal. He studied at the National Autonomous University of Mexico and at the University of London. He has published six books of poems, *El miedo* (1986), *Ignorancia* (1994), *Tres poemas* (2000), *Turba* (2005), *Desplazamientos* (2006) and *Nueces* (2009). He edited an *Anthology of Contemporary Mexican Fiction* published in *Storm* magazine (Jonathan Cape, London, 1992). With Carlos López Beltrán, he also edited and translated *La generación del cordero* (The Lamb Generation) a bilingual anthology of contemporary British poetry, and a selection of the Irish poet Matthew Sweeney. The opera *Les Marimbas de l'Éxil/El Norte en Veracruz* (music by Luc LeMasne) was first staged in Besançon, in January 2000, and then traveled to Paris and Mexico. His work has been also included in the US anthologies *Reversible Monuments* and *Connecting Lines*. He was awarded a Guggenheim fellowship in 2007 and teaches Poetry and Translation at the University of Mexico. He is the Editor of *Periódico de Poesía*, an online poetry journal.

(Translations by Anna Crowe)

Feet

Feet clench, make themselves small, run away,
creasing their wretchedness and fear in lines
identical to those on our palms and different.
Feet are extensions of God
(which is why they are low down),
hence their distress, their rounded bulk, their lack of balance.
Feet are like startled crayfish.
Such vulnerable things, feet.
When they make love they clench and huddle together
as though they were their own subjects.
So feet are not made, then,
to grip, wasp-like
with every stab,
each branch of the soul that might shape them there.
They are more wings than feet,
tiny and fragile and human.
However much we overlook them.

Serpiente

Encerrada en el círculo lento de sus actos
se desenrosca azul y colorada y amarilla,
una hilera de anillos estropeados,
güichi, güichi, la tierra raspa, duele,
se incrusta granulenta en la morosidad del cuerpo.
Se arrastra, güichi, güichi.
Apenas mueve alguna rama,
hace correr un ras de polvo,
una línea del suelo.
Alzada queda del esplendor plano por un impulso cervical,
por una continuidad de mil argollas que avanzan,
por un esfuerzo contráctil y apretado.
Al mismo tiempo la punta de la cola,
el latigazo alerta,
la lengua como perro agazapada al piso.
Toda la fuerza y el enojo se untan al suelo,
se adentran,
se achatan tensos a su presa.
Güichi, güichi.

En capilla

Se incrusta la luz poro por poro,
tiñe los muros interiores,
mancha la oscuridad y la ilumina.
Como lengua porosa
deja una marea azul y bermeja,
una capa fina de luminosidad aplacada,
un envoltorio de polvo teñido.
Cascada de agua y sangre,
una placenta el púlpito,
piedra y hueco de amor
en donde crece quien va a nacer.
Por el vendaval cae la estirpe,

Snake

Locked in the slow circle of its actions
it uncoils blue and red and yellow,
damaged rings all gathered in a necklace,
hweechee, hweechee, the ground is scraping, hurting,
lodging grittily in the body's slowness.
Creeping forward, *hweechee, hweechee*.
Barely a blade of grass it flusters,
making dust run on the level,
a line upon the horizontal.
It stays reared above splendid groundwork through an impulse in
      the neck,
through a continuing of a thousand coils advancing,
through a tightened and contractile effort.
At the same time too the tail's tip,
whip-lash watchful,
tongue out flat like a dog, afraid of being trampled.
All that strength and anger rub the ground beneath it,
going inwards,
flattening and tensing for its prey.
Hweechee, hweechee.

Inside the chapel

Light is inlaid, pore by pore,
tingeing the inner walls,
staining the darkness and illuminating it.
Like a porous tongue
it leaves a blue and vermilion tide,
a thin cloak of calm brilliance,
a caul of coloured dust.
Tumbling force of water and blood,
the pulpit a placenta,
stony hollow of love
in which the one who will be born is growing.
With the rainstorm comes the bloodline,

se redondea su calado,
piedra tras piedra,
fuente en la oscuridad.
Hacia abajo añiles granates,
por atriles y bancos hasta el altar,
apacible fuego el vitral.
Mi hijo y yo lo vemos de la mano.
Despacio crece la vida.

Lustral

La cuchilla de agua de la luna
en esta noche, inmerecidamente.
Pega el silencio entre la manchas de los árboles,
capas oscuras, vetas de lava iluminadas.
Adentro, en una esquina,
un manojo podrido de magnolias
blancas, torcidas. Adentro el baño lustral,
afuera cables y ruidos rotos y los pájaros.
El columpio lunar, la rajadura de la luna, la uña de plata.
Salgo por esta noche hasta tu cuerpo.
Levanto el cáliz de tu carne, caigo
sobre tu espalda manantial, abro
tus piernas y las alas mojadas,
la lengua cierta,
el calamar, el agua vaginal.
Llevo las manos por tu espalda azul,
la grupa altiva, grabo
el recorrido de tu cuerpo,
el beso de la nuca, alzo
la menta amor de tus caderas,
ando
a cuatro patas por tu cuerpo, luna, te cabalgo,
luna,
te cabalgo,
mojada mantarraya,
manto de Dios,
montuna.
Yo te monto.

flood that swells, grows rich,
stone after stone,
wellspring in the darkness.
Down towards indigos and garnets,
past lecterns and benches to the altar,
the stained glass a soft fire.
My son and I see it with our hands.
Life is a slow growing.

Lustral

The moon's watery blade
in this night, undeservedly.
It strikes silence between the patches of the trees,
dark cloaks, veins of lit lava.
Within, in one corner,
a withered clump of white, twisted
magnolias. Within, this outpouring of light,
without, cables and broken noises and the birds.
The moon's cradle, the sliver of moon, fingernail of silver.
I go out into this night to your body.
I raise the chalice of your flesh, I fall
on your welling shoulder, I open
your legs and the wet wings,
the sure tongue,
the squid, the vaginal tide.
I reach my hands to your blue shoulder,
the haughty rump, I engrave
the journey over your body,
the kiss on the nape of your neck, I lift
the beloved mint of your thighs,
I crawl
on all fours across your body, moon, I ride you,
moon,
I ride you,
damp manta-ray,
mantle of God,
and mountainous.
I mount you.

Golondrinas

Enganchadas al cable como pinzas de ropa,
gaviotas de madera diminutas,
ágiles y minúsculas contra la brutalidad del azul,
fijas al mediodía cayendo una tras otra,
moviendo ropas, brazos, sonrisas,
el pecho blanco, la capucha negra,
las alas afiladas y en lista, mínima agitación.
Hasta que vuelan todas excepto una,
que se plantó un momento y arañó el regreso,
como una ligerísima despedida,
axila de golpe la mañana.
Quedan los cables, el cielo en abandono intenso,
una boda de domingo de pueblo,
después nada.

Regent's Canal

Vibra en el agua el grito chato de un pato,
el chorro sucio y oxidado de una pared de ladrillos
que alguna vez fuera una fábrica:
"manufacturers of paper,
parcels, stationery boxes,
postal tubes".
Continúan el gotear de trapo,
la pezuña pálida de la luna,
las plantas que cuelgan del abandono, las chimeneas.
Repiquetea el cielo plateado en las virutas del agua,
en el vientre del puente, en esta historia de traspatio.
Un pato de cuello verde da una vuelta,
desaparece como una sombra gris.
El cielo se abre iluminando el alma.

Swallows

Pinned to the wire like clothes-pegs,
diminutive seagulls made of wood,
lithe and tiny in the brutal force of the blue,
motionless at noon, dropping one after another,
setting in motion clothes, arms, smiles,
with white breasts and black caps, streamlined
wings and in single file, with minimal fuss.
Until all have flown but one,
that perched for a moment and clung to its return,
as though to sketch the lightest of goodbyes,
with morning suddenly an armpit.
The wires remain, the sky never so empty,
like a village wedding on a Sunday,
then nothing.

Regent's Canal

The flat quack of a duck trembles in the water,
the filthy, rusty flow from a brick wall
that might once have been a factory:
      "manufacturers of paper,
        parcels, stationery boxes,
        postal tubes".
What endures is the slow drip of rags,
the moon's pale hoof,
the plants drooping out of all this neglect, the chimney-pots.
The silvery sky beats down on the steel wool of the water,
on the belly of the bridge, on this history of backyards.
A duck with a green neck does an about-turn,
disappears like a grey shadow.
The sky clears, flooding the spirit with light.

Natalia Toledo

Natalia Toledo nació en Juchitán, Oaxaca, en 1967. Es egresada de la Escuela General de Escritores de México, Sociedad General de Escritores Mexicanos. Fue becaria del Fondo Nacional para la Cultura y las Artes (1994, 2001 y 2004) y del Fondo Estatal para la Cultura y las Artes de Oaxaca en 1995 y 2006. Ha publicado los siguientes libros de poesía: *Paraíso de fisuras* (1992), *Mujeres de sol, mujeres de oro* (2000), *Femmes d'or Femmes de soleil* (*2002*), *Flor de pantano* (Antología personal, 2004), *Guie' yaase' / Olivo negro* (2005) y *La muerte pies ligeros* (*2005*). Recibió en 2004 el Premio Nacional de Literatura Nezahualcóyotl por su libro *Olivo negro*.

(Traducciones de la autora)

Xcu badudxaapa' huiini'

Napa' ti bandá' biree lu gui'chi' die' guendadxiña
dxa' nisa guielua' ne ruaa' nagapi ti guie'
guyuu tuxa ndaani' bandá' gui'chi'
ne guxha de xcú xa guie'.

Niña con raíces

Tengo una foto en sepia
con los ojos llenos de agua y una flor en los labios
alguien entró a esa foto
y arrancó de raíz la flor.

Bidolagui'

Ruza'came tala'dxi' gui'
sica ti beeu narooba' dxa'típa.
Rudxiiba'cameni galaa íquecame
rului'came gunaa canagutoo gueta biguii;
rigaañecame xa'na' guidxilayú
ne rucaachicameni,
sica si ñacani
ti gula'sa jmá rizaca.

Natalia Toledo

Natalia Toledo was born in Juchitán, Oaxaca in 1967. She attended the Writers' School of Mexico, part of the Society of Mexican Writers (SOGEM). She has received grants from the National Fund for Culture and the Arts (1994, 2001, and 2004) and from Oaxaca's State Fund for Culture and the Arts in 1995 and 2006. Her poetry books are: *Paraíso de fisuras* (1992), *Mujeres de sol, mujeres de oro* (2000), *Femmes d'or Femmes de soleil* (2002), *Flor de pantano* (Selected Poems, 2004), *Guie' yaase' / Olivo negro*(2005) and *La muerte pies ligeros* (2005). Her book *Olivo negro* earned her the 2004 National Nezahualcóyotl Literature Prize. She writes in Zapotec, and translates her own work into Spanish.

(Translated from Spanish by Katie Kingston)

Child with Roots

I have a photo in sepia
with eyes full of water and a flower on her lips
someone entered that photo
and yanked up the flower by the root.

Dung Beetle

They form balls of dung
round as the full moon.
They carry them on their heads
resembling women who sell corn chips;
They scratch beneath the world's floor,
hide them
as if handling
a sacred heirloom.

Escarabajo

Forman pelotas de estiércol
redondas como luna llena.
Las acarrean en sus cabezas
parecen mujeres que venden totopos;
escarban bajo el suelo del mundo,
las ocultan
como si se tratara
de una reliquia sagrada.

Bidolagui' 2

Cayache batee ladxidó' guidxilayú
ti bandaga yaa rasi íque laga',
Banda' stinne' lu tapa neza rizá
nayeche' riabirí guidilade'.
Ti le'nga ra lidxe'
ti bacuzaguí cahuinni biaani' galaa deche'
batanaya' naca ti yaza
ne guirá ni rudiina' naa
rituee laa ne tini biina' guie' stinne'.

Escarabajo 2

Se produce el fuego en la tierra del mundo
una hoja tierna duerme sobre mis párpados.
Mi sombra camina por cuatro veredas
feliz mi piel de hormigas se estremece.
Un jardín es mi casa
y poseo una luciérnaga en el dorso que me trasluce.
La palma de mi mano es una hoja
y a todo aquel que me saluda
tiño con la leche de mi tallo.

Bidolagui' 3

Gurié xa'na' ti ba'canda'
naca deche'ti bacuela bigundu'.
Xilase richeza layú
sica ora riaba biní.
Yudé guidxilayú cayuni ti bidunu
ndaani' guielua'
candá'naxhi nisaguie,
ma chi guidaagu' guiba'.

Dung Beetle 2

Fire is produced in the ground of the world
a tender leaf sleeps on my eyelids.
My shadow walks four trails
happy my prickly skin shivers.
A garden is my home
and I possess a firefly in my dorsal that makes me translucent.
The palm of my hand is a leaf
and everything that greets me
I tinge with the milk of my stem.

Dung Beetle 3

Seated beneath a shadow
my back is a sagging corn leaf.
Sadness opens furrows
like ground when seeded.
The dust of the world
is milled within my eyes
aroma of rain,
on the verge of closing sky.

> ### Escarabajo 3
>
> Sentada bajo una sombra
> mi espalda es un totomostle vencido.
> La tristeza abre surcos
> como el suelo en que se siembra.
> El polvo del mundo
> se remolina dentro de mis ojos
> aroma de lluvia,
> a punto está de cerrarse el cielo.

Bidolagui' 4

Bicahui guidxilayú
bilate pumpu, bixooñe' guiigu' ne nisadó',
biree ti gubidxa yáa bixhia guielú binni,
yu güe' nisa xti guirá guie', ne yaga ga',
gúca ti xu ro'ne bixele' layu,
ra gucua bi racaa gúle guie' ti nguiiu'.

> ### Escarabajo 4
>
> Oscureció el mundo
> se derramó el cántaro, corrieron los ríos y los mares,
> salió un sol glauco que borró los ojos de los hombres,
> la tierra bebió el agua del las flores y las plantas,
> hubo un temblor y de sus fisuras,
> brotó el primer hombre.

Bidaani'

Ruyadxie' lii sica ruyadxi guragu' guibá',
ribaque chaahue' lii ndaani' guiña candanaxhi guiriziña
guidilade' ruxhele guirá guie' bizeecabe lu xpidaane'
guirá nguiiu ne biulú zanda gueeda chiru ca'
naa yanna gueela'
guenda nayeche' xtinne' cadá nisa.
Ora riaa' sa' riguyaa' ne pa guiaba nisaguie
ladxidó' guiba' ribee yaande gadxe
ni rutiee lu xpidaane' ne guielua'.
Ora guiruche ti guí ria'qui' guiba'
naa ruxhele' ruaa'sica guragu' ne rabe xpele.

Dung Beetle 4

The world turned dark
the clay jar spilled, rivers and seas ran,
a glaucous sun came that erased the eyes of men,
The land drank water from flowers and plants,
there was a tremor and from its fissures,
the first man sprouted.

Huipil Blouse

Face to sky like a little lizard,
I tuck you into the trunk of scented ocote pine
my skin blossoms flowers they drew on my dress
they can come tonight to pinch me
men and hummingbirds
my happiness is nectar that emanates.
To dance I go to fiestas and if it rains
the day's heart casts a rainbow
above my eyes and my huipil blouse.
When a ray falls, the sky burns,
then I open my lizard mouth to drink its fire.

Huipil

De cara al cielo como una lagartija,
te acomodo dentro del baúl con olor a ocote
mi piel revienta las flores que dibujaron sobre mi vestido
pueden venir esta noche a pellizcarme
hombres y colibríes
mi alegría es néctar que emana.
A bailar voy a las fiestas y si llueve
el corazón del día arroja un arco iris
sobre mis ojos y mi huipil.
Cuando un rayo cae, quema el cielo,
entonces abro mi boca de lagartija para beber su fuego.

Yoo lidxe'

Dxi guca' nahuiini' guse' ndaani' na' jñaa biida'
sica beeu ndaani' ladxi'do' guibá'.
Luuna' stidu xiaa ni biree ndaani' xpichu' yaga bioongo'.
Gudxite nia' strompi'pi' bine' laa za,
ne guie' sti matamoro gúca behua xiñaa bitua'dxi
riguíte nia' ca bizana'.
Sica rucuiidxicabe benda buaa lu gubidxa zacaca
gusidu lu daa,
galaa íque lagadu rasi belecrú.
Cayaca gueta suquii, cadiee doo ria' ne guixhe,
cayaca guendaró,
cayaba nisaguie guidxilayú, rucha'huidu dxuladi,
ne ndaani' ti xiga ndo'pa' ri de'du telayú.

Casa primera

De niña dormí en los brazos de mi abuela
como la luna en el corazón del cielo.
La cama: algodón que salió de la fruta del pochote.
Hice de los árboles aceite, y a mis amigos les vendí
como guachinango la flor del flamboyán.
Como secan los camarones al sol, así nos tendíamos
sobre un petate.
Encima de nuestros párpados dormía la cruz del sur.
Tortillas de comiscal, hilos teñidos para las hamacas,
la comida se hacía con la felicidad de la llovizna
sobre la tierra,
batíamos el chocolate,
y en una jícara enorme nos servían la madrugada.

First House

As a child I slept in the arms of my grandmother
like the moon in the heart of sky.
The bed: cotton taken from the pochote fruit.
I made oil from the tree, and sold it to my friends
like red snapper the flower of the flamboyán.
Like shrimp drying in the sun, we too spread ourselves
over the woven mat.
Above our eyelids the southern cross dozed.
Comiscal tortillas, threads dyed for the hammocks,
the meal was made with the happiness of drizzle
over earth,
we whipped up chocolate,
and in an earthen pitcher they served us dawn.

Guie'yaase'

Luguiá' guie' yaase' ti badudxaapa' huiini'
rudxiiba' guendanayeche sti',
ndaani' ti chu na'yaga
ruxhalebe ca bandaga biquii gubidxa
rugababe cani rutiee guendaracaladxi' stibe.
Ca bandaga zabi laabe panda nguiiu zapabe
bia' ni gugaba' bicuininabe
bia' que guendanabani zabi laabe ti lá.

        Flor negra

        Una niña eleva su risa al olivo
        en una rama desnuda
        abre las hojas doradas
        para contar las manchas del deseo.
        Las hojas le dirán cuántos amores tendrá
        por cada mancha que su dedo cuente
        el destino le revelará un nombre.

Ni Nabani ma' guti

Diidxa' guielú napa lú
naxoo ne na bidola,
sica ti bendabuaa ndaani' guiñadó'
sica chupa neza guelaguidi
ma gu'gui' ne nachonga yaga:
sica gucheza bi batañee ti nguiiu ra ñaa.

        Naturaleza muerta

        La palabra ojo tiene ojos
        serios y redondos,
        como un camarón en el mole
        o un par de guaraches de cuero:
        curados y tiesos:
        como las grietas de los pies de un campesino.

Black Flower

A child's smile lifts to the olive tree
in a bare branch
she opens the golden leaves
to count the blemishes of desire.
The leaves tell her how many lovers she'll have
for each blemish her finger counts
destiny reveals a name.

Still Life

The word eyes has eyes
serious and round,
like a shrimp in the stew
or a pair of leather huaraches:
cured and stiff:
like crevices of peasants' feet.

Guie' xhuuba'

Qui zuuti guenda xtubi naa
guielua' naca ti guie' gudxiru biulú.
Ti ladxidó' cayuuna naaze nanda laa
cadi cacaa bi,
cayaca diti xhiaa' sica ti bereleele,
dxi ribidxi gubidxa ne nisaguie.
Qui zuuti xilase naa, rabe
ti saa ribí lu bangu sti' guenda ribana' stinne'
nisadó' ró' candani lu guie ra gule'
rucaa' diidxazá ti gusiaanda' xi diidxa' ratané yuuba',
rinaba' guibá' ne xpele
gudxii naa guendanayeche' guleniá'.
Biguídi' gui'chi' naaze naa:
xiñee bidxii de'chu'
beleguí biliibine xquípilu'.

               Flor que desgrana

               No moriré de ausencia
               un colibrí pellizcó el ojo de mi flor.
               El corazón llora su calosfrío
               y no respira,
               tiemblan mis alas como el alcaraván
               cuando presagia al sol y a la lluvia.
               No moriré de ausencia me digo
               una melodía se postra sobre la silla de mi tristeza
               un océano brota de la piedra de mi origen
               escribo en zapoteco para ignorar la sintaxis del dolor,
               le pido al cielo y a su lumbre
               que me devuelvan la alegría.
               Mariposa de papel que me sostiene:
               por qué le diste la espalda a la estrella
               que anudaba tu ombligo.

Flower that Sprouts

I will not die of absence
a hummingbird nipped the eye of my flower.
The heart cries its heated chills
and doesn't breathe,
my wings flutter like the stone curlew
when it foretells sun and rain.
I will not die of absence I tell myself
a melody prostrate over the chair of my sadness
an ocean spews from the stone of my origin
I write in Zapotec to ignore the syntax of pain,
I ask sky and its fire
to return happiness to me.
Paper butterfly that sustains me:
why did you turn your back on the star
that tied the knot in your navel.

Manuel Ulacia

Manuel Ulacia nació en la Ciudad de México en 1953 y murió en Ixtapa-Zihuantanejo en 2001. Estudió arquitectura en la Universidad Nacional Autónoma de México y obtuvo la maestría y el doctorado en Letras Hispánicas por la Universidad de Yale. Fue profesor de ambas instituciones. Fue co-director y editor fundador de *El Zaguán*. Obtuvo la beca del Centro Mexicano de Escritores de 1977 a 1978. Publicó los libros: *La materia como ofrenda* (1980), *El río y la piedra* (1989), *Origami para un día de lluvia* (1990), *Arabian Knight y otros poemas* (1993), *El plato azul* (1999) y *Poesía (1977–2001)* (2005).

La piedra en el fondo

Mientras la respiración de mi padre
poco a poco se apaga,
retiradas las sondas, las agujas
y la mascarilla del oxígeno,
entre sístole y diástole,
en el escenario de la memoria,
una tras otra,
transparencias vividas.
El viaje al colegio a las ocho de la mañana
con sus adivinanzas
sobre el río Amarillo,
los jardines de Mesopotamia,
la muralla china y la manzana de Newton,
y más tarde, a la hora del recreo
a la sombra fresca de altos fresnos,
en conversaciones con otros niños,
la imagen de mi padre trasmutada
en el héroe de un cuento de hazañas,
y ya de vuelta a casa
reunida la familia,
mi padre cuenta los mil y un inventos
de su laboratorio,

Manuel Ulacia

Manuel Ulacia was born in Mexico City in 1953 and died in Ixtapa-Zihuantanejo in 2001. He studied architecture at the National Autonomous University of Mexico and received his Master's and his Doctorate in Spanish Language and Literature at Yale University. He was a professor at both institutions. He was co-director and founding editor of *El Zaguán*. He was awarded the Mexican Writers' Centre scholarship in 1977 and 1978. He published the following books: *La materia como ofrenda* (1980), *El río y la piedra* (1989), *Origami para un día de lluvia* (1990), *Arabian Knight y otros poemas* (1993), *El plato azul* (1999) and a posthumous collected edition, *Poesía (1977–2001)* (2005).

(Translations by Sarah Lawson)

The Stone on the Bottom

While my father's breathing
little by little fades away,
the probes removed, the needles
and the oxygen mask,
between systole and diastole,
on the stage of memory,
one after another,
a slide-show of past life.
The trip to school at eight in the morning
with his quizzes
about the Yellow River,
the gardens of Mesopotamia,
the Great Wall of China and Newton's apple,
and later, in the break
in the cool shade of tall ash trees,
in conversations with other boys,
the image of my father transformed
into the hero of an adventure story,
and now back home
the family together again,
my father tells about the thousand and one inventions
of his laboratory,

esencias de rosa, almizcle y lavanda,
y las aventuras de su madre niña,
en los trenes de la Revolución
de Campeche a México,
las peleas de gallos
que tanto le gustaban a su padre,
los paseos por montes y riberas,
la imagen olvidada de su abuelo
que pintaba abanicos en Valencia,
su breve infancia en un jardín inmenso,
historias de emigrantes de hace casi un siglo
que dejaron atrás
la torre gótica, el olivar y el ganado
y que jamás volvieron.

Y al terminar el día
contemplo cómo se arreglan mis padres
para ir a una fiesta,
y tras el beso de las buenas noches,
absorto en la película
de la televisión en blanco y negro,
imagino que así es la vida,
y que mis padres bailan
en una terraza iluminada por la luna,
un vals de Agustín Lara,
y que mi padre es el galán de la pantalla,
el corsario de una batalla naval,
Tarzán en la selva del Amazonas,
y que algún día yo también seré grande
y oleré en el cuello de una muchacha
aromas de violetas,
y encarnaré mi sino como me lo explicaron.

Mientras la respiración de mi padre
poco a poco se apaga,
y su pulso es cada vez más lento,
entre sístole y diástole,
el tiempo se dilata,
como los círculos concéntricos que se forman

essences of rose, musk and lavender,
and the adventures of his mother as a girl,
in the trains of the Revolution
from Campeche to Mexico City,
the cockfights
that his father liked so much,
the walks through the fields and along riverbanks,
the forgotten image of his grandfather
who painted fans in Valencia,
his brief childhood in a huge garden,
stories about emigrants of almost a century ago
who left behind
the Gothic tower, the olive grove and the herd
and who never returned.

And at the end of the day
I watch how my parents get dressed up
to go to a party,
and after the good-night kiss,
absorbed in the movie
on the black-and-white television,
I imagine that life is like this,
and that my parents are dancing
on a moon-lit terrace,
to a waltz by Agustín Lara,
and that my father is the leading man of the screen,
the corsair of a sea battle,
Tarzan in the Amazon jungle,
and that someday I too will be grown up
and I will catch on a girl's neck
the odour of violets
and I will play out my destiny as they explained it to me.

While my father's breathing
little by little fades away,
and each pulse is slower than the last,
between systole and diastole,
time expands
like the concentric circles that form

al lanzar una piedra en el espejo del agua.
Cada instante es una hora,
y cada hora una vida.
Breve el tiempo que pasa.
Aquellos días llenos de sol en el campo,
los muros oxidados de la casa,
el establo, el corral,
el embalse del abrevadero
con sus nubes reflejadas en tránsito,
en donde un día me enseñó mi padre
a medir las honduras de las aguas,
por el tiempo que tarda
la piedra lanzada en llegar al fondo.
Y la mujer que desgrana mazorcas
como si desgranara las semillas del tiempo.
¿En qué aguas caemos
cuando nos vamos si no existe el tiempo?
¿Cuál es la profundidad del cielo?
¿Dónde germinan las horas vividas?
Y ya recogidos al caer la tarde,
en un cuarto apenas iluminado,
entre vapores sonoros de planchas ardientes
sobre sábanas blancas,
mi padre me dijo
que en el cuarto de junto
había muerto el suyo:
primera imagen del tiempo finito,
piedra que cae,
medida inmensa que desconocemos,
el perfil afilado de su cara,
la sábana blanca que amortajó a su padre,
la mirada secreta de las dos planchadoras,
la mano y el reloj que toman el pulso.
Mi padre se incorpora
y pregunta ¿qué hora es?,
y sin escuchar dice: mañana a la misma hora.
Su cuerpo temblando de frío empieza
a parir otro cuerpo,
mariposa invisible de alas blancas,

when you throw a stone into the mirror of the water.
Each instant is an hour,
and each hour a life.
Brief the passing time.
Those days full of sun in the country,
the rusty walls of the house,
the stable, the corral,
the dam of the watering hole
with its clouds reflected as they pass,
where one day my father taught me
to measure the depth of water
by the time it takes
the thrown stone to reach the bottom.
And the woman who shells ears of maize
as if she were shelling the seeds of time.
In what waters do we fall
when we go if time doesn't exist?
What is the depth of the sky?
Where do the hours of living germinate?
And now here we are as evening falls,
in a dimly lit room,
among loud steam of red-hot irons
on white sheets,
my father told me
that in the next room
his father had died:
the first image of finite time,
a falling stone,
a vast measurement that we are unaware of,
the sharp outline of his face,
the white sheet that shrouded his father,
the secret glance of the two ironing women,
the hand and the watch that take the pulse.
My father sits up
and asks, "What time is it?"
and without listening says: "Tomorrow at the same time."
Shaking from cold his body begins
to give birth to another body,
the invisible butterfly with white wings,

que espera la hora exacta
de desprenderse en nupcias con la nada.

Mientras la respiración de mi padre se apaga,
una angustia renace,
piedra de filosas aristas en la garganta.
Aquellas comidas en mis años mozos,
en donde sólo se oía
el roce de los cubiertos en la porcelana,
las miradas esquivas
que escondían el rubor que produce
la pasión de la carne,
y mis juegos secretos en la alcoba,
mientras la luz hiriente, entrando por la ventana,
iluminaba las nubes del jarro,
los platos vacíos y las migajas,
porque en mis lascivos sueños despierto
se me había revelado mi singular deseo.

Ya no sería la imagen del héroe
que bailara con una muchacha en la pantalla,
ni el hacedor de industrias,
ni el hombre discreto que la sociedad aplaude,
ni la presa de virginidades al acecho,
ni el padre que perpetuara la especie.
Y más tarde disputas,
la libertad no hace felices a los hombres,
dice mi madre, *los hace sólo hombres.*
Mi padre calla:
frágil armadura la indiferencia.

Mi padre vive en el ideograma de su mundo,
edifica otros sueños,
sin pensar en la finitud del tiempo,
en la piedra y su caída,
en la alcoba en penumbra.
Mañana, mañana, siempre mañana
y la casa crece,
mientras a mi madre le salen canas,

that awaits the exact moment
to break free in nuptials with nothingness.

While my father's breathing fades away,
an anxiety revives,
a sharp-edged stone in the throat.
Those meals in my youth,
in which the only sound was
the contact of the cutlery and the china,
the shy glances
that hid the blush caused by
carnal passion,
and my secret games in the bedroom,
while the piercing light, coming in through the window,
lit up the clouds of the pitcher,
the empty dishes and the crumbs,
because wakeful in my lascivious dreaming
I grasp the strange nature of my desire.

Now I wouldn't be the picture of the hero after all
who danced with a girl on the screen,
nor the manager of industries,
nor the prudent man with social approval,
nor the man at the mercy of alluring virgins,
nor the father who perpetuates the species.
And later there are arguments:
Liberty doesn't make men happy,
says my mother, *it only makes them men.*
My father is silent:
indifference is fragile armour.

My father lives in the ideogram of his world,
he builds other dreams,
without a thought for the finite quality of time,
for the stone and its fall,
in the shadowy bedroom.
Tomorrow, tomorrow, always tomorrow
and the household increases
while my mother's hair is turning white

y mi hermana descubre en el espejo
sus incipientes pechos,
y mi abuela se vuelve otra vez niña.
Mañana, mañana, siempre mañana.

Mientras la respiración de mi padre
poco a poco se apaga,
quiero decirle
que lo único que quise
fue vivir la verdad de mi amor verdadero,
pero ya no oye nada,
ya no dice nada,
el silencio se ha ido apoderando de su cuerpo,
del cuerpo de mi madre,
del círculo formado alrededor de su cama,
del cuarto en penumbra,
del claro espejo de agua
en donde sigue cayendo la piedra
en la frágil gravedad del instante.

Mientras la respiración de mi padre se apaga,
la transparencia de la ventana me recuerda
que afuera existe el mundo.
Contemplo la ciudad iluminada,
los coches que circulan,
al adolescente que en una esquina
se encuentra con su amada,
al ciclista que pasa,
al atleta que corre sobre el prado.
Absorto en la fragilidad del tiempo,
contemplo el mundo,
otra vez la ventana,
la familia reunida,
y pienso que mi padre ya no habla,
ya no ve, ya no escucha,
que sus sentidos muertos
empiezan a percibir el teatro del mundo
a través de nosotros,
que la única memoria de su vida

and my sister discovers in the mirror
her budding breasts,
and my grandmother becomes a child again.
Tomorrow, tomorrow, always tomorrow.

While my father's breathing
little by little fades away,
I want to tell him
that the only thing I wanted
was to live the truth of my real love,
but he no longer hears anything,
he no longer says anything,
silence has been taking possession of his body,
of the body of my mother,
of the circle formed around his bed,
of the shadowy room,
of the clear mirror of water
in which the stone keeps falling
in the fragile gravity of the moment.

While my father's breathing fades away
the transparency of the window reminds me
that outside the world exists.
I contemplate the lighted city,
the cars that circulate,
the teenager in a corner
meeting his girlfriend,
the cyclist who goes past,
the athlete who runs on the grass.
Absorbed in the fragility of time,
I contemplate the world,
the window again,
the gathered family,
and I think that my father no longer speaks,
no longer sees, no longer hears,
that his dead senses
begin to perceive the theatre of the world
through us,
that the only memory of his life

son los fragmentos de nuestra memoria:
inmenso rompecabezas del que faltan piezas.
¿En qué pensará mientras se abandona?
¿En la piel de mi madre?
¿En los noticiarios de la segunda guerra?
¿En la primera comunión y los mandamientos?
¿En los tumores que se propagan por el cuerpo?
Mi padre, entre balbuceos,
dice que tiene una piedra en el cuello,
que la piedra no cae,
que él caerá con ella.
¿Hacia dónde? ¿En qué lugar?

Mientras se le apaga la respiración a mi padre,
parece que empezará a olvidar todo:
las quimioterapias y los verdugos,
las salas de espera y los quirófanos,
el retrato de su abuela y las piernas jóvenes
de las muchachas,
la piedra de Oaxaca y el canto del canario,
la sonaja roja y el primer llanto.

O tal vez, en su olvido
—último sueño que el tiempo devora—,
viaje por un camino
a buscar a su padre.
Pero el camino ya es otro camino,
y la casa otra casa.
Su vida ahora cabe en un instante.
Conciliadas están todas las partes.
Un sol único arde en su conciencia,
helado incendio que el mundo consume.
En el espejo de agua
se dibuja la última onda.
La piedra, en su caída,
llegó al fondo.

is the fragments of our memory:
a vast jigsaw puzzle from which pieces are missing.
What is he thinking about as he is leaving himself?
About my mother's skin?
About the news bulletins of World War II?
About his first communion and the commandments?
About the tumours that are spreading through his body?
My father, between stammerings,
says that he has a stone in his neck,
that the stone doesn't fall,
that he will fall with it.
Where to? In what place?

While my father's breathing fades away,
it seems that he is beginning to forget everything:
the chemotherapies and the executioners,
the waiting rooms and the operating theatres,
the portrait of his grandmother
and the young legs of girls,
the stone from Oaxaca and the canary's song,
the red rattle and the first cry.

Or perhaps, in his oblivion
—the last dream that time devours—
he may travel by a road
in search of his father.
But the road is already another road,
and the house another house.
His life now is contained in an instant.
All the parts are reconciled.
A single sun burns in his conscience,
frozen fire that consumes the world.
In the mirror of water
the last ripple appears.
The stone, in its fall,
reaches the bottom.

En el Ritz de Meknés

Bastó sólo una mirada,
el silencio entre dos frases,
el tenue roce en tu mano
cuando pediste la llave
en el calor de la siesta,
para que el joven conserje,
con mirada de gacela,
fuera detrás de ti, al cuarto.

Cuánta delicia al tocar
sus muslos aceitunados,
con fragancia de azahares,
y al besar sus labios gruesos
con sabor a cardamomo,
mientras el ventilador
daba vueltas refrescando
los cuerpos entrelazados,
en su delirio deseándose,
como el desierto al agua.

Cuánto goce en un instante
cuando los cuerpos se olvidan
de la realidad dejándose
ir ¿hacia dónde? ¿hacia dónde?

La ciudad despertó en la hora
plena. Los coches, las motocicletas,
la música de una radio,
la misteriosa algarabía
te hicieron volver al mundo.
El conserje apresurado
dijo adiós y dejó el cuarto.
Tú te quedaste dormido.
Despertaste en otro sueño
cuando el moecín empezó
a rezar en el micrófono.
Desde el balcón, el Palacio
resplandecía en la noche
sonora, llena de estrellas.

In the Ritz in Meknes

Just one glance was enough,
the silence between two sentences,
the light touch in your hand
when you asked for the key
in the heat of the siesta,
for the young concierge
with the look of a gazelle
to follow you to the room.

Such delight to touch
his olive thighs,
smelling of orange blossoms,
and to kiss his full lips
tasting of cardamom,
while the fan revolved
cooling the entwined bodies,
in their delirium desiring each other
as the desert desires water.

So much enjoyment in an instant
when the bodies forget reality
letting themselves go,
but where? where?

The city woke up after an hour.
The cars, the motorbikes,
the music from a radio,
the mysterious babble
brought you back to the world.
The concierge hurriedly
said good-bye and left the room.
You went back to sleep.
You woke up in another dream
when the muezzin began
to pray into the microphone.
From the balcony, the Palace
glittered in the resonant night,
full of stars.

Jorge Valdés Díaz-Vélez

Jorge Valdés Díaz-Vélez nació en Torreón, Coahuila, en 1955. Ha escrito los libros de poesía *Voz temporal* (1985), *Aguas territoriales* (1988), *Cuerpo Cierto* (1995), *La puerta giratoria* (1998), *Jardines sumergidos* (2003), *Cámara negra* (2005), *Nostrum* (2005), *Tiempo fuera, 1988–2005* (2007), *Los alebrijes* (2007) y *Kilómetro cero* (2009). Recibió el Premio Latinoamericano Plural (1985), el Premio Nacional de Poesía Aguascalientes (1998) y el Premio Internacional de Poesía Miguel Hernández–Comunidad Valenciana (2007).

Bolero del jardín de las delicias

Era un jardín cerrado. Entre las palmas
era la rosa en llamas de la tarde
y era fresca su piel allí encendida,
un brote apezonado por los labios
de la hora indecisa. Ella reía
y lloraba el amor contra mi boca.
Qué adolescencia la nuestra, qué áspera
sensación de pecado. Fue un infierno
el cielo que se abrió para nosotros
y el odio de su padre al enterarse.

Sobre mojado

Dame un poco de ti, llena mi copa
con la lluvia que ayer tocó tu pelo,
hilos de manantial, gotas de mayo
en la oscura pureza de su forma.

Deja que me acaricie la garganta
y esclarezca la voz para nombrarte
su cauce presuroso, el mar o el río
resonando hacia el fin. Escanciaré

Jorge Valdés Díaz-Vélez

Jorge Valdés Díaz-Vélez was born in Torreón, Coahuila, in 1955. His poetry collections are: *Voz temporal* (1985), *Aguas territoriales* (1988), *Cuerpo cierto* (1995), *La puerta giratoria* (1998), *Jardines sumergidos* (2003), *Cámara negra* (2005), *Nostrum* (2005), *Tiempo fuera, 1988–2005* (2007), *Los alebrijes* (2007) and the collected edition *Kilómetro cero* (2009). He received the Latin American Plural Prize (1985), the Aguascalientes National Poetry Prize (1988) and the Miguel Hernández/Valencia Community International Poetry Prize in 2007.

(Translations by Suzanne Stephen)

Bolero of the Garden of Delights

It was a walled garden. Among the palm trees
stood the blazing afternoon rose
her cool skin aflame,
a shoot trapped by the lips
of the indeterminate hour. She laughed
and cried her love against my mouth.
What a harsh sensation of sin we had
in our teenage years. Hell was
the heaven that unfolded for us
and her father's wrath when he found us out.

To Make Matters Worse

Give me a little of yourself, fill my glass
with the rain that touched your hair yesterday
threads of the spring, drops of May
in the dark purity of your form.

Let it run down my gullet
and clear my throat so that I can
name its hasty channel, sea or river
resonating towards the end. I will drain

el fondo de cristal con los destellos
del líquido que amolda su deleite.
En la orilla la sed serán los labios

nocturnos animales que celebren
el correr bermellón de nuestra sangre,
un hálito del bosque a flor del agua.

Ars Amandi

Nació en Valladolid el grave caballero
que viene cada lunes. De la guerra, en un buque
de llantos y penurias llegó siendo muy chico,
huérfano del terror y la desesperanza.
Aquí maduró, tuvo tres hijos, se hizo viejo
sin perder el acento de Castilla, el amor
por sus dos patrias, por el cine de Buñuel
y los toros de lidia, la música, la mesa
con chiles en nogada los domingos. Al bar
lo acompañan sus nietos y una novia, y se beben
con él vinos del Duero y mezcal con gusano
de Oaxaca. Desea que al morir no sepulten
ni guarden sus cenizas. Que las suban muy alto
en un avión, arriba del Anáhuac, sin lágrimas,
para ver en el aire la ciudad contra el cielo,
y las dejen después flotar en esta urna
grandiosa que es el Valle de México. No estuvo
la semana pasada ni la otra. Es posible
que el viento, las buhardillas, la oscura flor, el canto.

Inquisitio patris

«Busco a mi padre—dijó—, me contaron
que acá quizá podría encontrarlo, un tal
Malcolm Lowry». El silencio se hizo gélido
de golpe alrededor de su impostura,

the glass with the sparkling
liquid that molds its delight.
On the rim, thirst will be lips,

night animals celebrating the
vermilion flow of our blood
a gentle breeze from the forest
just under the surface of the water.

Ars Amandi

The serious gentleman who comes in every Monday
was born in Valladolid. He fled the war in a boat
filled with weeping and poverty as a very young child,
an orphan of terror and despair.
Here he grew up, had three children and aged
without losing his Castilian accent, his love for
his two countries, Buñuel's films,
bull-fighting, music, and chilies with
walnut sauce on Sundays. At the bar, he is accompanied
by his grandchildren and a girlfriend, and they drink wine
from El Duero and Oaxacan mescal complete with worm.
When he dies, he does not want them to bury or keep his ashes.
He wants them to take them up in a plane,
above the Anáhuac, with no tears, so that they can
see the city silhouetted against the sky from the air
and then scatter them into the huge urn
that is the Valley of Mexico. He didn't come in
last week or the week before. Perhaps the wind,
the dormer windows, the dark flower and song…

Inquisitio Patris

"I'm looking for my father," he said, "they said
I might find him here, a man by the name of
Malcolm Lowry." This blatant lie was met by a cold silence

mientras él continuaba: «Soy su engendro,
soy sangre de su sangre; entre otras cosas,
además del final digno de un mártir,
a él le debo mi cargo diplomático
y esta enferma obsesión por la bebida,
si es que puede llamarse así el *via crucis*
al barranco. Caminé hasta Cuauhnáhuac
y Spoon River, pero no estaba ahí.
Y tampoco en Comala los fantasmas
han oído su nombre». Los murmullos
del bar crecieron. Él seguía hablando
solo, más solo que el cadáver solo
del cónsul Geoffrey Firmin en el último
círculo del infierno ante la Nada.

Los Argonautas

Han venido a cantar «Las golondrinas».
Llegarán a Nogales en tres días.
A Chicago, tal vez, en dos semanas.
Tienen familia allá, del otro lado.
Son de Minatitlán o Villahermosa.
Otros, de El Salvador y Nicaragua.
Su imagen de Illinois es una estatua.
Un campo de maíz la de Chicago.
Conocen el desierto sólo en fotos.
Van a seguir las huellas del coyote.
No levanta la niebla en la otra orilla.
Gibraltar se distingue a duras penas.
Son del Magreb y el sur de Cabo Verde.
Van a echar al oleaje su fe ciega.
Cruzarán en silencio todos juntos.

while he continued, "I am his son,
the blood of his blood; among other things,
apart from an end worthy of a martyr,
I owe him my diplomatic position
and this unhealthy obsession with drink,
if this is what you can call this *via crucis*
into the gutter. I walked to Cuauhnáhuac
and Spoon River, but he wasn't there.
And the ghosts of Comala have not heard
of him either." The murmuring in the bar
rose. He went on talking to himself, even
lonelier than the abandoned corpse of
Consul Geoffrey Firmin in the last
circle of hell before nothingness.

The Argonauts

They have come to sing 'Las Golondrinas.'
They will reach Nogales in three days,
Chicago in a fortnight, perhaps.
They have family there, on the other side.
They are from Minatitlán or Villahermosa.
Others are from El Salvador and Nicaragua.
The image they have of Illinois is a statue.
And they envisage Chicago as a cornfield.
They have only seen photos of the desert.
They are going to follow the tracks of the coyote.
The mist never lifts on the other side.
You can barely make out Gibraltar.
They are from the Maghreb and the south of Cape Verde.
They are going to toss their blind faith onto the waves.
And make the crossing together in silence.

Aquel ahora

Las posibilidades de volverte a encontrar
eran remotas. Una entre un billón. Y habiendo
infinitos lugares dispersos por los números
de un cálculo improbable, quién imaginaría
que te iba a ver en esa cantina, transformándote
en luz de aquel entonces feliz, o eso quisieron
creer años atrás aquellos dos que fuimos.

Estabas allí, tú de pronto y sin aviso
previo, con una tímida sonrisa, recargada
en el hombro de un tipo de aspecto deleznable
que podría haber sido yo. No reconociste
mi rostro entre la gente del bar. Aunque tal vez,
supongo, pretendías saber adónde y cuándo
miraste mis facciones, en qué sitio más joven
hiciste un alto, bajo qué extrañas circunstancias
coincidiste con alguien que se me parecía
de lejos. Pero no recordaste, si acaso
lo intentabas, a quien le prometiste un sueño
que no ibas a cumplir, cuando nos despedimos
tras una ventanilla. De vuelta en este ahora,
tu cara era la misma donde vi el resplandor
del ángelus y el tacto de un crepúsculo gris
y hermético. Llevabas rubor en las mejillas
y el cabello más negro que alguna vez tocaron
mis manos por el valle lunar de tu cintura.

La bienaventuranza fue nuestra compañera
de viaje a las estrellas tan próximas al hambre
de nuestros corazones y su dolor difuso.
Era la edad del bronce pulido de tus pechos.
Las noches fueron lentas palabras inaudibles
del mundo que brotaba sin encajes. Bebíamos
la vida entre los versos de una poeta árabe
y bailaba desnuda la luz en la terraza.

Tú entonces te encendías y el viento iba contigo
por algún callejón a sórdidas tabernas,

That Now

The possibility of finding you was
very slight. One in a billion. And since there were
an infinite number of places scattered about by the numbers
of an unlikely calculation, who would have thought
I would have spotted you in that saloon bar, turning into a
shadow of those happy times, or so the two of
us thought years ago.

There you were, all of a sudden,
with a shy smile, leaning
against an atrocious-looking man
who could have been me. You didn't recognize
me among the faces at the bar. Although perhaps,
I suppose, you wanted to know where and when you
had seen me, in what younger place
you had stopped, and under what strange circumstances
you had bumped into someone who looked like me
from a distance. But you didn't remember, if indeed
you tried, the person you made a promise to
that you didn't intend to keep, when we said goodbye
outside a ticket office. Back in the present,
you looked the same as when I saw the glow of the
angelus and the touch of a hermetic, gray
twilight. You had rouge on your cheeks and
your hair was blacker than it ever was when my
hands touched the lunar valley of your waist.

Bliss was our traveling companion
to the stars closest to the hunger
of our hearts and its diffuse pain.
It was the age of the polished bronze of your breasts.
The nights were slow, inaudible words
from the world that emerged without lace. We drank
up life between the verses of an Arab poetess
and the light danced naked on the terrace.

And then you would catch fire and the wind would go with you
down an alley to sordid taverns,

levantando tu falda minúscula, mostrándome
las rutas que de súbito me alzaban al misterio.
Sin duda eras feliz de forma ingobernable.
También lo fui. Lo fuimos. Te dije, lo recuerdo
como si fuera ayer, que un dios haría suyos
los rasgos de tu nombre y el vino tu sabor
de almendra y paraíso. Sigues igual, incluso
me has parecido más hermosa, quizá menos
alegre que la imagen que de ti conservé
todo este tiempo en vano. Detrás de tu mirada
no encontré el resplandor de aquella chica insomne,
sino una palidez ceniza de rescoldos
que aún parecen guardar el vértigo del fuego.
No puedo asegurarlo. Y ya tan poco importa.

Plomari

La pesada silueta de los barcos
te dijiste una vez, cuando el verano
carga con la inscripción de sus estelas.
Reventaba la luz en los olivos,
y el oleaje de sangre tras tus párpados
era entonces metáfora del alba,
la vida sin futuro y pocos años.
Mucho tiempo después, escribirías:
Partir es regresar a ningún sitio
en un bar clausurado, ante los muelles
donde atraca el olor de la marisma.
Ahora te recuerdas en los versos
que otro talló por ti sobre una mesa
mientras cruzan los pájaros rasantes
en búsqueda del aire al pie del día
y miras a estribor cómo la playa,
ese latido insomne del deseo,
vuelve tu corazón reloj de arena.

lifting up your tiny skirt, showing
routes that suddenly raised me to mystery.
You were no doubt happy in an unruly way.
And so was I. We both were. I told you, I remember it
as though it were yesterday, when a god would
take your name and wine
your taste of almond and paradise. You look the same, perhaps
even more beautiful and less happy than the image I kept
of you all that time in vain. Behind your expression,
I failed to find the glow of that sleepless girl
but instead pale embers
that still seem to preserve the vertigo of time.
I can't guarantee it. And in any case, it doesn't matter any more.

Plomari

The heavy silhouette of the boats
you said once, when the summer
bears the inscription of their wake.
The light shattered in the olive trees
and the wave of blood behind your eyelids
was a metaphor for dawn,
life without future and a few years.
Several years later, you would write:
Leaving is like going back to nowhere
in a closed bar, near the wharves
where the smell of the salt marsh docks.
There you remember yourself in the verses
someone else carved for you on a table
while birds fly overhead
in search of air at the end of the day
and you look starboard at how the beach
that sleepless beating of desire
turns your heart into an hourglass.

Verónica Volkow

Verónica Volkow nació en la Ciudad de México en 1955. Cursó la Maestría en Literatura Comparada de la Universidad de Columbia, Nueva York. Ha sido becaria de la Universidad de Iowa en el Programa Internacional de Escritores, también del Centro Mexicano de Escritores. En 1992 recibió la beca del Fondo Nacional para la Cultura y Las Artes, y en 1993 la beca del Sistema Nacional de Creadores de Arte. Entre sus libros de poesía: *Los caminos* (1989), *Arcanos* (1996), *Oro del viento* (2003), *Litoral de tinta y otros poemas* (2007). Escribió también *Sudáfrica, diario de un viaje* (1988), una crónica sobre la vida cotidiana en el apartheid. En el campo de las artes plásticas editó *La mordedura de la risa* un estudio sobre la obra gráfica de Francisco Toledo (1995). Ha publicado diversas traducciones de poesía: *Elizabeth Bishop, Antología* (1986), *Autorretrato en un espejo convexo* de John Ashbery (1991) y *Pájaros* de Saint John Perse (1999).

from *Arcanos*

Arcano 1: El mago

¿Quién escuchó la voz del viento,
la palabra que dice,
su grito interminable en la montaña,
y descifró el lenguaje de los ruidos,
el galopar de letras del follaje,
y las «eles» del agua?
¿Quién atrapó con un nombre el fondo de la noche,
la rasgadura del rayo?
Poderes precisos de lo etéreo,
y un saber que rescata en manos de aire.
Lo eterno es hueco, es forma, es alma
—esa imposible sed de la memoria.
Sin cuerpo y sin las cosas,
sólo viento y sueños, las palabras,
viento tejido por los sueños,
almas al aire que el silencio olvida,
estatuas de la ausencia insomnes,

Verónica Volkow

Verónica Volkow was born in Mexico City in 1955. She has a Master's in Comparative Literature from Columbia University, New York. She has participated in the University of Iowa's International Writing Program and has been a fellow at the Mexican Writers' Center. In 1992 she received a grant from Mexico's National Fund for Culture and the Arts and in 1993 she was awarded a fellowship from Mexico's National System of Artists. Her poetry collections include: *Los caminos* (1989), *Arcanos* (1996), *Oro del viento* (2003) and *Litoral de tinta y otros poemas* (2007). She is also author of *Sudáfrica, diario de un viaje* (1988), a chronicle of daily life under apartheid. In the area of fine arts she has written a study of the graphic art of Francisco Toledo, *La mordedura de la risa* (1995). She has published numerous poetry translations, including Elizabeth Bishop's *Selected Poems*, John Ashbery's *Self-Portrait in a Convex Mirror* and *Oiseaux* by Saint-John Perse.

(Translations by Luis Ingelmo & Michael Smith)

from *Arcana*

Arcanum 1: The Magician

Who listened to the voice of the wind,
the word that speaks,
its unceasing shout in the mountain,
and deciphered the language of noises,
the galloping of the letters of foliage,
the liquid 'l's' of water?
Who captured with a name the night's depth
and the tearing flash of lightning?
Precise power of the ethereal,
and a knowledge that rescues in aerial hands.
The eternal is a gap, a form, a soul
—that impossible thirst of memory.
Bodiless and without substance,
nothing but wind and dreams, words,
wind woven by dreams,
souls in the air which silence forgets,
insomniac statues of absence,

despertar de la nada hacia la nada.
Hay sombras en los sueños
          que no son de las cosas,
sino cuerpos quizá de las palabras,
ánimas de los nombres,
resurrección de la llamada.
Para poder morir son las palabras:
salvación profunda de lo ido,
tiempo enamorado que habla.

Arcano 2: La sacerdotisa

No se mira la noche,
se sueña
y los sueños
como la luna son reflejos,
flotan aquí y están en otra parte.

Ancla la transparencia en el espacio,
mas vuela el velo
fuera del tiempo como ensueño;
el velo deshaciéndose devela
y disuelve a la noche en un suspenso.
Luz ya casi más niebla
y que es un sueño
              náufrago de misterio.

Vela que zarpa hacia lo tenue
y luz que se adelgaza
quizás hasta perderse,
disipación sutil
que el aire excava:
desaparecido interior
que es un afuera.
Hundido desconcierto en lo intangible.

La eternidad está durmiendo
bajo el tiempo,

waking from nothingness to nothingness.
In dreams there are shadows
        which are not of things,
but maybe the body of words,
the soul of names,
the resurrection of calls.
Words are to help us die:
profound salvation of what's gone,
time speaking in love.

Arcanum 2: The High Priestess

Night is not observed,
it is dreamt
and dreams
like the moon are reflections—
they float here and are elsewhere.

Transparence anchors in space
but the veil flies
outside time as if day-dreaming;
unravelling, the veil reveals
and dissolves night into suspense.
Light is almost mist now
and a dream
        a castaway into mystery.

A sail weighing anchor toward the tenuous
and light that grows faint
maybe to the point of disappearing,
subtle dissipation
digging the air:
a vanished interior
which is an exterior.
Sunk startling into the intangible.

Eternity is sleeping
under time,

y los astros en su lejanía inmersos
permanecen idénticos.

Arcano 3: La emperatriz

Piel   profunda región de la añoranza.
La delicadeza tan sólo
despierta lo recóndito.
Hermética la suavidad invoca,
búsqueda interna   como un vientre.
Lo hondo sin fin: lo femenino
             lo entraña y humo,
sutileza que hiende.
Aromas por desfiladeros
y precipicios como oídos
en donde no sabemos quién escucha
y discierne un sentido en lo secreto.
Con el azar fabrica una escritura.

Noche abismal, la piel,
donde brillan los cuerpos con su luz infinita,
grandes dioses de carne,
y el deseo que nos postra.
Sed de vértigo y espejo,
cielo clavado, sed de lo más hondo,
del firmamento, sus destellos
y espacio sin fronteras.
¡Ser, ay, que nos estalla: luminosos y ciegos!

Brilla incrustado un mundo
—el ojo— a orillas de la carne.
Pero la piel sueña, ni ve, ni escucha,
en la caricia vuela,
ya es mar a la llamada,
toque sobre un abismo que concurre al espejo.
La noche abierta encuentra las estrellas
y la savia da frutos buscando la semilla.

and stars, immersed in their distance,
remain identical.

Arcanum 3: The Empress

Skin   profound region of longing.
Only delicacy
wakens the recondite.
Softness, hermetic, invokes,
an inner search   like a womb.
Endless depth: the feminine,
        the innards and smoke,
subtlety that cleaves.
Scents through defiles
and precipices like ears
where we don't know who listens
and discerns a sense in what's secret.
It creates a writing from chance.

Abysmal night, skin,
where bodies shine with their infinite light,
great gods of flesh,
and a desire that prostrates us.
Thirst for frenzy and a mirror,
sky stuck inside, thirst for what is deepest,
for the firmament, its flashes
and space without boundaries.
A being that explodes us, luminous and blind!

An incrusted world—the eye—
shines on the banks of the flesh.
But the skin dreams, doesn't see, or hear,
flies in caress;
summoned, it's now a sea,
a peal over the abyss that meets in the mirror.
Open night encounters the stars,
and the sap yields fruits seeking its own seed.

Arcano 4: El emperador

Entallaron la piedra
hasta que recordara:
ejércitos como ecos que estampan las colinas,
lanzas y saetas ciertas con la muerte erizadas
y volutas veloces que deslizan el río;
las plantas y las bestias, tributos derramados,
y hundidos en un número, idénticos esclavos.
Extrajeron el mundo de la roca,
le pusieron cuatro esquinas al tiempo
y guardaron en muros
lo interior del espacio.
Crear un hueco, un patio,
la nada de lo abstracto,
la moneda en la mano,
la rueda que al vaciarse avanza,
el dibujo del que un ser deserta;
o tomar entre manos exactas lo perdido,
cantera y cántaro la estatua,
agua imposible y piedra.
Formas con el poder de su vacío,
su ceñido abismo, su llamado,
como vasos traídos del reino de los muertos.
La espada creó la forma del imperio;
el cincel, los muertos, las estatuas que habitamos.
Somos el despertar de su escritura,
su mundo interno, su añoranza humeante.
La materia es un hueco en que soñamos.

Arcano 5: El hierofante

La cúpula amarrada por un centro,
las bóvedas ceñidas son estrellas,
y una mano invisible une un dibujo.
Geometría entrañada hay en las cosas
y constelación subterránea.

Arcanum 4: The Emperor

They carved the stone
until it remembered:
armies like echoes printing the hills,
lances and arrows pointed with death
and swift spirals that slide down the river.
Plants and beasts, lavished tributes,
and identical slaves sunk in a number.
They extracted the world from rock,
they boxed time in
and within walls they guarded
the interior of space.
To create a hole, a courtyard,
the nothingness of the abstract,
the coin in one's hand,
the wheel that emptying moves on,
the drawing from which a being deserts;
or to take what is lost between exact hands,
the statue a quarry and a jug,
impossible water and stone.
Forms with the power of their own emptiness,
their tight abyss, their call,
like glasses brought from the kingdom of the dead.
The sword shaped the empire;
the chisel, the dead, the statues we inhabit.
We are the waking of their writing,
their inner world, their smouldering longing.
Matter is a hole in which we dream.

Arcanum 5: The Hierophant

The cupola tied to a centre,
the embraced vaults are stars,
and an invisible hand links a drawing.
There is an inner geometry in things
and a subterranean constellation.

Aquí piedras respiran la música del templo,
metales y maderas cantan
un mundo que se inhala,
voz que es esencias
y fuego de sentido
despierto en cada piedra.

La memoria en vuelo va por dentro,
el viento sopla interno y es recuerdo,
silbo de entraña que lo escucha,
un tiempo casi puro
y desterrado en sueños
y un decir cosas transparentes
que son alma y son nada.

Inmensidades guarda
en su interior el templo,
en los muros las conchas
con sus manos agarran los sonidos;
orbes de noche y sol: follajes.
Agujero del cielo
en el claustro: la fuente.

Here stones breathe the music of the temple,
brass and wood sing
a world inhaled,
a voice of essences
and a fire of sense
awake in every stone.

Memory in flight is deep down,
the wind blows internally and is recollection,
a whistle from the innards that listens to it,
a time almost pure
and exiled in dreams
and a saying of transparent things
that are soul and are nothing.

The temple guards
immensities inside,
in its walls shells
with their hands grab sounds—
spheres of night and sun: foliage.
A heavenly gap
in its cloister: the fountain.

Acknowledgements

Unless specified otherwise below the translations are previously unpublished, and are copyright © by the translators, 2010.

Luis Miguel Aguilar. The poems first appeared as follows: 'Ricardo, testigo', 'Pechy, trastornada', 'José Maria, maderero' in *Chetumal Bay Anthology* (Fondo de Fomento Editorial del Gobierno del Estado de Quintana Roo, Chetumal, 1983); these poems were collected again in *Todo lo que sé* (Cal y Arena, Mexico City, 1990), in which volume 'Cama angosta' also appeared; copyright © Luis Miguel Aguilar, 1990. 'Memo, motociclista' first appeared in Chetumal Bay Anthology (Conaculta, Mexico City, 2003) and was reprinted in *El minuto difcil* (UNAM, Mexico City, 2010); copyright © Luis Miguel Aguilar, 2003. 'Conclusiones' was first published in *Beloit Poetry Journal*, copyright © Luis Miguel Aguilar, 2010. The translations first appeared in *Artful Dodger, Beloit Poetry Journal, Chelsea, The Formalist, Hunger Mountain* and *The North Dakota Review*.

María Baranda. The poems first appeared in *Ficticia* (Ediciones Calamus/Conaculta/INBA, Mexico City, 2006), copyright © María Baranda, 2006; copyright © Ediciones Calamus, 2006. The translations are drawn from *Ficticia* (Shearsman Books, Exeter, 2010), copyright © Joshua Edwards, 2010.

Efraín Bartolomé. The poems first appeared in *Partes un verso a la mitad y sangra* (Conaculta Chiapas/La flauta de Pan, Mexico City, 1997; 2nd, e-version, Palabra Virtual, 2004), copyright © Efraín Bartolomé, 1997, 2004. This volume was also republished in the collected volume *Oficio: Arder. Obra poética 1982–1997* (UNAM, Mexico City, 1999).

Marco Antonio Campos. The poems first appeared as follows: 'El país' in *La ceniza en la frente* (Premià, 1989); 'Los poetas modernos', 'Arles 1996–Mexcoas 1966', 'Los padres' and 'Lápida' in *Los adioses del forastero* (Ediciones El Tucan de Virginia, Mexico City, 1996). Copyright © Marco Antonio Campos, 1989, 1996. Earlier versions of the translations appeared in the bilingual volume *A contracorriente* (Entrelíneas Editores, Mexico City, 2002).

Héctor Carreto. The poems were first published as follows: 'Hombres de bolsillo', 'Alicia, carta de', 'Tentaciones de San Héctor', 'Respuesta de Dios a la confesión de san Héctor' and 'Odisea II' in *La espada de san Jorge*, (Premiá editora, Mexico City, 1982); 'La cierva' and 'Café de chinos' in *Habitante de los parques públicos* (Dirección General de Publicaciones del CNCA, Mexico City, 1992); 'El poeta regañado por la musa' in *Coliseo* (Joaquín Mortiz, colección Las dos orillas, Mexico City, 2002); 'Mi padre me visita algunas noches', in *Incubus*, (Margen de poesía Núm. 23, colección de la revista *Casa del tiempo*, UN AM, Mexico City 1993). Copyright © Héctor Carreto, 1982, 1992, 1993,

2002. Some of the translations published here first appeared in *Bitter Oleander, International Quarterly, The Marlboro Review* and *The Northwest Review*.

Jennifer Clement. All the poems, both originals and translations, are drawn from *The Next Stranger / El próximo extraño* (Ediciones El Tucán de Virginia, Mexico City, 1993); original poems copyright © Jennifer Clement, 1993; Spanish translations copyright © Consuelo de Aerenlund, 1993. Some of the English texts were later reprinted in *New and Selected Poems* (Shearsman, 2008).

Elsa Cross. The original poems first appeared in *Bacantes* (Artifice Ediciones, Mexico City, 1982), copyright © Elsa Cross, 1982. The translations first appeared in *Selected Poems* (Shearsman Books, Exeter, 2009), copyright © Luis Ingelmo & Michael Smith, 2009.

Antonio Deltoro. The original poems first appeared as follows: 'Huevos puestos por un tigre' and 'Domingo' in *¿Hacia donde es aquí?* (Editorial Penelope, Mexico City, 1982); 'Jueves' and 'Almohadas' in *Los dias descalzos* (Vuelta, Mexico City, 1992); 'Los tímidos' in *Balanza de sombras* (Editorial Joaquín Mortiz, Mexico City, 1997). Copyright © Antonio Deltoro, 1982, 1992, 1997. The translation of 'Thursday' previously appeared in *Triquarterly*.

Gloria Gervitz. 'Shajarit' was originally published in *Migraciones* (Fondo de Cultura Económica, Mexico City, 1991; 2nd (expanded) edition, 2002); copyright © Gloria Gervitz and Fondo de Cultura Económica, 1991, 2002. The translation 'Shaharit' was first published in *Migrations* (Shearsman Books, Exeter/Junction Press, New York, 2004); copyright © Mark Schafer, 2004.

Francisco Hernández. The original poems are all drawn from *Poesía reunida*, (UNAM–Ediciones del Equilibrista, Mexico City, 1996), copyright © Francisco Hernández, 1996.

Víctor Manuel Mendiola. 'Tu mano, mi boca' was published in the eponymous book by Editorial Aldus, Mexico City, 2005; copyright © Víctor Manuel Mendiola, 2005. The remaining poems are drawn from *Tan oro y ogro (1987–2002)* (UNAM, Mexico City, 2003), copyright © Víctor Manuel Mendiola, 2003. The translation of 'Your Hand, My Mouth' is included here by kind permission of Bloodaxe Books, who first published it in *Moon Wheels* by Ruth Fainlight, copyright © Ruth Fainlight, 2006. The remaining translations are all drawn from *Selected Poems* (Shearsman Books, Exeter, 2008), copyright © Jennifer Clement, 2008, and © Ruth Fainlight, 2008.

Elva Macías. The poems published are drawn from *Ciudad contra el cielo* (Conaculta, Mexico City, 1993; 2nd edition, Ediciones Verdehalago/Conaculta, Mexico City, 2006). Copyright © Elva Macías, 1993; copyright © Ediciones Verdehalago, 2006.

Samuel Noyola. All poems are drawn from *Tequila con calavera* (Editorial Vuelta, Mexico City, 1993), copyright © Samuel Noyola, 1993.

José Luis Rivas. 'Una temporada de paraíso' was first published in *Tierra nativa* (Fondo de Cultura Económica, Mexico City, 1982), and republished in the collected edition of the author's work, *Raz de marea. Obra Poética (1975–1992)* (Fondo de Cultura Económica, 1992). Copyright © José Luis Rivas and Fondo de Cultura Económica, 1982, 1992. The translation, 'A Season of Paradise', first appeared in *Triquarterly*.

Silvia Tomasa Rivera. The original texts are collected in *Vuelo de sombras* (Cal y Arena, Mexico City, 1994), but were first published in *Duelo de espadas* (UNAM, Mexico City, 1982). Copyright © Silvia Tomasa Rivera, 1982, 1994.

Pedro Serrano. 'Golondrinas' and 'En capilla' are published here for the first time, and are copyright © Pedro Serrano, 2010. The remaining original texts appeared in the volumes *Desplazamientos* (Editorial Candaya, Mexico City, 2006), and *Nueces* (Trilce Ediciones, Mexico City, 2009), and are copyright © Pedro Serrano, 2006, 2009.

Natlaia Toledo. The Zapotec and Spanish texts first appeared in the bilingual volume *Guie'yaase' / Olivo negro,* copyright © 2005, Natalia Toledo and Dirección General de Culturas Populares e Indígenas, Mexico City.

Manuel Ulacia. The original texts first appeared as follows: 'La piedra en el fondo' in El río y la piedra (Pre-Textos, Valencia, 1989), copyright © Manuel Ulacia, 1989; 'En el Ritz en Meknés' in *Poesía (1977–2001)* (Fondo de Cultura Económica, Mexico City, 2005), copyright © the Estate of Manuel Ulacia, 2005, and © Fondo de Cultura Económica, 2005.

Jorge Valdés Díaz-Vélez. 'Plomari' appears here for the first time, copyright © Jorge Valdés Díaz-Vélez, 2010. The remaining original texts first appeared in *Jardines sumergidos* (Ed. Colibrí, Mexico City, 2003) and in *Los Albrijes* (Ed. Hiperión, Madrid, 2007), and were also republished in the author's collected poems *Kilómetro cero* (Ed. Universidad Autónoma de Coahuila, 2009). 'Bolero del jardín de las delicias' was also collected in the interim collected poems *Tiempo fuera, 1988–2005* (Ed. Universidad Nacional Autónoma de México, Mexico City, 2007). Copyright © Jorge Valdés Díaz-Vélez, 2003, 2007, 2009.

Verónica Volkow. The original texts first appeared in *Arcanos* (Conaculta, Mexico City, 1996); revised versions appeared in *Oro del viento* (Ediciones Era/Conaculta, Mexico City, 2003); copyright © Verónica Volkow, 1996, 2003; copyright © Ediciones Era, 2003. The translations first appeared in *Arcana & Other Poems* (Shearsman Books, Exeter, 2009); copyright © Luis Ingelmo & Michael Smith, 2009.

The Translators

Consuelo de Aerunlund was born in Guatemala in 1923. She is a Spanish-English translator. She has published poems in US journals, and a book, *Journey to an Unknown Land*, translated into Spanish as *La Saga de los Doninelli* (El Tucán de Virginia, Mexico City). An Italian translation was published in 2010 by Famiglia Comasca.

Elisabeth Austin earned her doctorate in Hispanic Studies at the University of Pennsylvania and is currently assistant professor of Spanish at Virginia Tech.

Jennifer Clement is the author of three bilingual collections of poetry published in Mexico, as well as *New and Selected Poems* (Shearsman Books, Exeter, 2008). Her prose includes the memoir *Widow Basquiat* (new edition, Shearsman, 2010), and the novels *A True Story Based on Lies* (Canongate, Glasgow, 2001), and *The Poison That Fascinates* (Canongate, 2008).

Anna Crowe was born in Plymouth, and read French and Spanish at the University of St. Andrews where she still lives, working as a poet and translator. She co-founded the Scottish International Poetry Festival, StAnza, and was Artistic Director for seven years. She has published two full collections and two chapbooks of her own work, and her translations of the Catalan poet, Joan Margarit, *Tugs in the fog,* appeared in 2006.

Joshua Edwards directs and co-edits Canarium Books, and serves as the translation editor for *Mantis*. His poems and translations have appeared in *Chicago Review, Zoland Poetry, Slate, Colorado Review, Verse*, and elsewhere, and his translation of María Baranda's book-length poem *Ficticia* was published by Shearsman in 2010. He currently lives in Berkeley, California, and is a Stegner fellow at Stanford University.

Ruth Fainlight was born in the USA, but has lived in England since she was 15. Her first collection appeared in 1966, and her most recent, *Moon Wheels*, a collection of poems and translations, was published by Bloodaxe Books in 2006. She has also written short fiction and opera libretti, and has translated drama as well as poetry.

Reginald Gibbons edited and co-translated *New Writing from Mexico*, a special issue of *TriQuarterly* magazine (1992). He has also translated Luis Cernuda, Euripides, and Sophocles. A bilingual selection of his own work, *Desde una barca de papel*, was published in Spain in 2010.

Luis Ingelmo lived in the USA for seven years, six of which he spent in Chicago as a teacher of Spanish. He is currently a teacher of English in Ávila, Spain. He has edited volumes by Claudio Rodríguez, Juan Antonio Villacañas and Gustavo Adolfo Bécquer for Shearsman Books; he co-translated the

Rodríguez, as well as books by Elsa Cross and Verónica Volkow. His most recent translations into Spanish have been of Martin Carter, Wole Soyinka, Natasha Trethewey and Derek Walcott.

Katie Kingston is the author of three poetry collections: *Unwritten Letters, El Rio de las Animas Perdidas en Purgatorio,* and *In My Dreams Neruda.* She is the recipient of the 2010 W. D. Snodgrass Award for Poetic Endeavor and Excellence, and is a finalist in the 2010 Nimrod Pablo Neruda Prize for Poetry. She has been awarded fellowships from the Colorado Council on the Arts, The Harwood Museum, The Helene Wurlitzer Foundation and Fundación Valparaíso.

Erin Knight is a poet, translator, and editor based in St Catharines, Ontario. She became interested in Mexican poetry while living and studying in Guadalajara, Mexico. Her book *The Sweet Fuels* (Goose Lane Editions, 2007) was shortlisted for the Gerald Lampert Award for best first book of poetry in Canada. She is currently at work on a new manuscript and a translation of Elva Macias's award-winning book *Ciudad Contra el Cielo*.

Sarah Lawson was born in the USA, but now lives in the UK. She is a writer and translator from French, Spanish and Dutch. Her translation of Christine de Pisan's *Treasure of the City of Ladies* (Penguin, 1985) was the first translation of that work in English since it was written in 1405. Other authors she has translated include Jacques Prévert, Leandro Fernández de Moratín, Martha Cerda and (with Małgorzata Koraszewska) Jan Twardowski. Sarah Lawson's own poetry collections include *Below the Surface* (Loxwood-Stoneleigh, 1996), and *All the Tea in China* (Hearing Eye, London, 2006).

Pura López-Colomé is one of Mexico's leading poets. Her collected poems were published as *Música inaudita*. Books in English translation include *Aurora* (tr. Jason Stumpf, Shearsman Books, 2007), *No Shelter* (tr. Forrest Gander, Graywolf Press, 2003) and *Mother Tongue* (tr. Lorna Shaughnessy, Arlen House, 2007). She lives in Cuernavaca.

Dierdra Reber is an assistant professor of Spanish at Emory University.

Mark Schafer is a literary translator, teacher and visual artist who lives in Roxbury, MA, USA. Schafer edited and translated David Huerta's *Before Saying Any of the Great Words: Selected Poems* (Copper Canyon Press, 2009.) Schafer has translated novels, short stories, essays, and poetry by a wide range of Latin American authors, including Virgilio Piñera, Gloria Gervitz, Alberto Ruy Sánchez, Jesús Gardea, and Antonio José Ponte. *The Scale of Maps*, his translation of Belén Gopegui's novel *La escala de los mapas*, will be published by City Lights in January 2011. Schafer teaches Spanish and translation at the University of Massachusetts Boston.

John Oliver Simon was awarded an NEA Literature Fellowship in Translation in 2001 for his work with the Chilean poet Gonzalo Rojas. His translations include *From the Lightning, selected poems of Gonzalo Rojas* (Green Integer, 2008), and *Ghosts of the Palace of Blue Tiles,* a chapbook of the Mexican poet Jorge Fernández Granados (Tameme, 2008). John Oliver Simon is Artistic Director of Poetry Inside Out, a translation-in-the-schools project sponsored by the Center for the Art of Translation.

Michael Smith lives in Dublin. Shearsman Books published his *Collected Poems* in 2009, and a volume of his selected translations from the Anglo-Saxon, Irish and Spanish, under the title *Maldon & Other Translations* in 2004. His translations and co-translations of Vallejo, Bécquer, Juan Antonio Villacañas, Claudio Rodríguez, Elsa Cross, Verónica Volkow and Rosalía de Castro have all been published by Shearsman. Translations for other publishers include Quevedo, Góngora, Lorca, Neruda and Miguel Hernández. His awards include the European Academy of Poetry Medal for his services to the translation of poetry. He is a member of Aosdána, the Irish National Academy of Artists.

Kathleen Snodgrass is the author of *The Fiction of Hortense Calisher* (University of Delaware Press, 1993). With her late husband, W. D. Snodgrass, she co-edited and co-translated several books of poems by the Romanian writer, Dona Roşu. Her translations of contemporary Mexican poets have appeared in such journals as *Northwest Review, Chelsea,* and *Poetry International.*

Suzanne Stephen holds a BA in Modern and Medieval Languages and Literature (Spanish, Catalan and Portuguese) from Cambridge University, and an MA in Applied Linguistics from National Autonomous University of Mexico (UNAM). From 1980–1991 she worked as an English teacher, and thereafter as a Spanish-to-English translator of academic research.

Asa Zatz, born in New York City, traveled to Mexico with the intention of spending one year there. However, he returned home after more than 33, having learned to translate Spanish texts in nearly any conceivable field. Since then, he has specialized exclusively in literature, with a particular love for poetry. In all, he has been responsible over the years for work of the great, near great, and not so great in most of the Spanish-speaking world.

www.ingramcontent.com/pod-product-compliance
Lightning Source LLC
Chambersburg PA
CBHW022005160426
43197CB00007B/288